CONVERSATIONS.

CONVERSATIONS
NOUVELLES
SUR
DIVERS SUJETS,
DEDIE'ES
AV ROY.
TOME I.

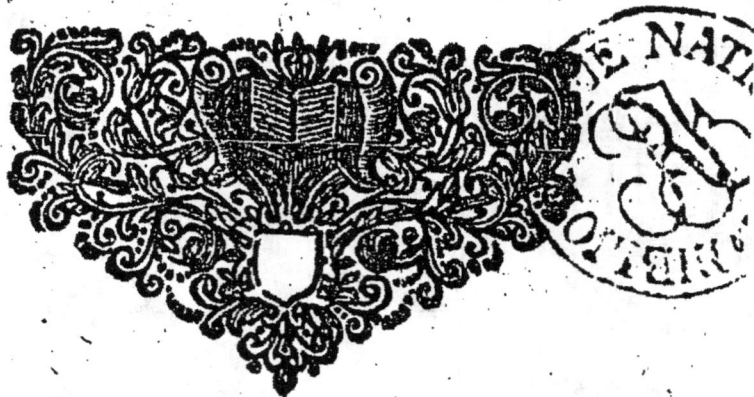

A PARIS,

Chez CLAUDE BARBIN, au Palais, fur
le Perron de la Sainte-Chapelle.

M. DC. LXXXIV.
AVEC PRIVILEGE DV ROY.

UNE tendreſſe de mere
Peut-eſtre me trompera,
Allez, mes Ecrits, j'eſpere
Que le Ciel vous aidera,
LOUIS vous regardera,
Peut-eſtre vous gardera,
Et voſtre ſort paſſera
Le ſort des Ecrits d'Homere.

Toute l'Antiquité a remarqué
qu'Alexandre avoit toûjours
avec luy les Ecrits d'Homere
dans une riche Caſſette.

CONVERSATION
DE LA
MAGNIFICENCE
ET DE LA
MAGNANIMITÉ.

PHILEMON.

MAIS est-il possible, mon cher Menandre, que pour huit ou dix mois d'absence je doive trouver des changemens si considerables en ce Païs-cy? Des mots que

Tom. I.   A

je n'entends pas, la Cour toute autre ; & pour peu que je
vouluſſe parler en Poëte, la
Nature differenre d'elle-mê-
me, la Nuit plus belle que le
Jour, & l'Hyver plus agreable
que le Printemps. C'eſt à vous
à m'expliquer tout cela : & je
m'imagine que c'eſt pour quelque choſe de ſemblable que
vous eſtes venu m'attendre
chez vôtre aimable Parente,
ſçachant que j'y devois paſſer ;
& que vous avez voulu repa-
rer la longueur de vôtre ſilence, en venant au devant de
moy à quatre lieuës de Paris : encore ne ſçay-je ſi la
beauté de cette Maiſon &
des Jardins ne vous y a pas
amené.

MENANDRE.

Vous aprendrez par là, Philemon , que chacun de nos
Amis, mesme des plus veritâ-
bles, nous sert ordinairement
beaucoup moins selon nôtre
inclination que selon la sienne. Ceux qui vous ont souvent
écrit se divertissoient à vous
faire de belles Lettres : & pour
moy, bien qu'il me semble de
tres-bonne foy que la seule
impatience de vous revoir
m'ait amené icy, je ne me flate
pas, il se pourroit bien faire
que sans le sçavoir ny m'en
appercevoir, ce fût aussi parce que naturellement j'aime
mieux aller & venir, prendre
l'air & me promener, que de

m'enfermer pour écrire ; quoy
que d'ailleurs je ne haïſſe pas
les Livres ny mon Cabinet.
Mais je n'entends pas ce que
vous venez de me dire d'un
grand changement depuis vôtre abſence au langage de la
Cour, à la Nature meſme ; ce
ſont enigmes pour moy : Vous
trouverez tout icy comme
vous l'avez laiſſé ; ou bien il
faut que vous commenciez de
m'expliquer ce que vous voulez que je vous explique.

PHILEMON.

J'eſtois à la Cour de Danemark pour quelques jours, lors
qu'une des premieres perſonnes de cette Cour là me dit,
comme une choſe que je de-

vois entendre , qu'il y avoit
trois fois la femaine Apartement à Verfailles. Je crus par
ce mot nouveau en ce fens-là,
qu'il fe méprenoit comme un
Étranger : cependant il fe
trompoit feulement en ce qu'il
me fupofoit auffi inftruit que lui
de ce qui fe paffoit en France.
Je m'en apperçûs affez, quand
par toute l'Allemagne je trouvay un bruit general de l'Apartement : & depuis les premiers
pas que jay faits en France, on
n'a ceffé de me dire qu'il y
avoit tous les jours Apartement à Compiegne , & qu'il
en devoit eftre de mefme à
Villiers-coterets. Nous ne parlions pas ainfi quand je partis.

MENANDRE.

Je vous entends maintenant, & je n'ay plus de peine à comprendre la Cour toute autre, la Nature mefme changée, la Nuit plus belle que le Jour, & l'Hyver plus agreable que le Printemps. Mais ce qu'il y a de curieux, c'eft que nous avons dit vray l'un & l'autre en deux chofes oppofées & contraires. En effet, n'avez vous pas vû tous les beaux Apartemens de Verfailles, la nouvelle Galerie au moins commencée, toutes les perfonnes de la Cour depuis la Maifon Royale jufques aux moindres qui la compofent ? N'avez-vous pas admiré en

cent occasions differentes cét
amas prodigieux de meubles
riches & éclatants ; des Vases
rares & precieux, les admirables Tableaux du Roy anciens
& modernes, tout ce qu'on a
fait aux Gobelins de beau &
d'extraordinaire par la grandeur, ou de merueilleux par
l'Art en Orphevrerie, cette
prodigieuse quantité de Lus-
tres ou d'argent, ou de cristal,
& mesme de cristal de roche ?
N'avez-vous pas vû cent fois le
Jeu du Roy, des Colations magnifiques aux Fêtes qu'il a faites, où l'on joignoit des voix,
de la danse & de l'harmonie ?

PHILEMON.

J'ay sans doute vû & admi-
A iiij

ré cent fois tout ce que vous
venez de dire, & ce qu'on ne
peut voir en nul autre Royaume qu'en celuy-cy.

MENANDRE.

Et cependant je puis vous
asseurer, sans exageration, que
vous n'avez jamais rien vû de
semblable à ce qui est enfer-
mé sous ce nouveau mot d'A-
partement, & qu'ainsi vous
avez vû tout ce que comprend
ce mot d'Apartement sans jamais avoir vû l'Apartement.
Pour le nouveau mot qui vous
a surpris en Danemark, le hazard l'a fait plûtost que le
choix ; mais je prevoy, que
veüille l'Academie ou non, il
sera aussi immortel que la gloi-

re de Loüis quatorziéme ; car il
s'eſt établi tout d'une voix, ſans
nulle conteſtation ; & jamais
un ſeul mot en nulle Langue,
ſans exception, n'a ſignifié un
auſſi grand nombre de belles
choſes, ny donné une plus
belle idée que célle qu'il ex-
prime. Sa nouveauté & ſon
établiſſement ne doivent pas
meſme étonner : le mot de
Parlement, quand il fut employé la premiere fois, eſtoit
autant contre les regles de la
Langue ; & cependant l'uſage
l'a rendu ſi neceſſaire, qu'il durera autant que la Monarchie.
Mais comme voilà Parthenie
qui arrrive, & qui vient à nous
par cette grande & belle Allée, c'eſt à elle qui, comme

vous le ſçavez, a infiniment
de l'eſprit, & qui ſe connoît
à toutes les belles choſes, à
contenter voſtre curioſité; car
elle n'ignore que ſa propre
beauté & ſon propre merite,
encore n'eſt-ce que ſa modeſtie qui les luy fait ignorer,
comme vous le ſçavez mieux
que moy.

PARTHENIE,
adreßant la parole à Philemon
& à Menandre.

Ne dois-je point craindre,
en interrompant deux auſſi
honneſtes gens que vous, de
faire mal les honneurs de ma
Maiſon? car de la maniere
dont je vous ay vû parler en
aprochant de vous, j'ay lieu
de croire que vous vous entre-

reniés de quelque chose qui vous plaisoit fort à l'un & à l'autre : que sçais-je mesme si le voyage de Philemon, dont la cause a esté si secrette pour moy, n'est pas le sujet de vôtre entretien ?

MENANDRE.

Non, Madame, je ne suis pas mieux instruit que vous du sujet du voyage de Philemon, que je comprens qu'il est obligé de cacher : & quand vous avez paru, nous parlions du Roy & de l'Apartement, qui sont deux sujets de joye qui donnent une matiere inépuisable de s'entretenir agréablement ; & je me remettois à vous pour décrire à Philemon toutes les merveilles de l'Apartement , car j'ay à vous avertir qu'il eft fur ce fujet-là

el Peregrino en fu Patria ,

pour luy appliquer le titre d'un Livre Efpagnol que je vis hier fur voftre table.

PHILEMON.

Menandre a raifon , Mada-me ; & fi vous n'avez la bonté dé m'inftruire , j'arriveray à Verfailles auffi ignorant de l'Apartement , que fi je reve-nois de Maroc : cependant je vous promets de vous dire, dés que j'en auray la permif-fion , ce qui m'a éloigné de vous. Il fuffit que vous fça-chiez feulement , que j'ay lieu d'en eſtre content.

PARTHENIE.

Ah ! Philemon, ne vous y trompez pas, tous les grands & beaux objets ne ſe peuvent ny dépeindre ny décrire qu'imparfaitement : la Peinture, qu'on dit qui a autre-fois trompé des oyſeaux par des fruits bien repreſentez, & qui trompe meſme quelque-fois les hommes par d'excellentes perſpectives, n'a jamais pû bien imiter ny le feu des Diamans ny l'éclat du Soleil. Il en eſt de meſme de l'Apartement; il faut le voir ſoy-meſme plus d'une fois, & le voir avec des yeux d'un diſcernement exquis, une imagination vive,

un goût delicat, une connoiſſance de tous les beaux Arts,
& avec autant de jugement
que d'eſprit; & puis aprés tout
cela vous en ſerez ravy, vous
l'admirerez, mais vous ne
pourrez le bien décrire aux autres : & je me ſuis bien aper-
çûë que l'eſprit s'éblouïit comme les yeux, & que la multitude des grands & beaux objets entrant en foule dans l'i-
magination, l'empêche d'en
faire un diſcernement bien
exact, & l'accable ſi agréablement, qu'elle ne ſçait plus ce
qu'elle a vû ny ce qu'elle admire, & qu'elle voudroit pourtant faire admirer. Croyez
moy donc, Philemon, il eſt
de l'Apartement comme du

Soleil, dont j'ay déja parlé; ſi on en pouvoit ſeparer tous les rayons & les voir ſeparément, ils ſeroient toûjours beaux en eux-meſmes, mais ils n'éblouï-roient pas comme ils font, quand du premier coup d'œil on les voit tous raſſemblez par-tir de leur ſource lumineuſe pour éclairer toute la Terre, ſans permettre qu'on puiſſe les regarder fixement. Diſpenſez-moy donc de vous dépeindre l'Apartement, où le Roy a raſ-ſemblé tout ce que l'Art & la Nature ont de plus éclatant, tous les Divertiſſemens que la Vertu permet, tous les Plaiſirs de toutes les Saiſons en une ſeu-le ; où la Magnificence regne par-tout, où l'ordre ſe trouve parmy la foule, où les Vertus ſe meſlent avec tous les Plaiſirs, & où le Roy, en un mot, unit tous les Cœurs par ſa preſence, pour l'admirer & pour l'aimer.

PHILEMON.

Ah! Madame, en ne me décrivant pas l'Apartement, vous m'en donnez une ſi grande idée, que je vous demande à genoux de ne m'en laiſſer rien ignorer.

PARTHENIE.

Il faut donc que Menandre m'aide, & me redreſſe ſi je m'égare.

MENANDRE.

J'y conſens, Madame, mais
vous

vous ne vous égarerez pas.

PHILEMON.

De grace, ne perdés point de paroles à faire paroître voftre modeftie, & contentés ma curiofité : En quel temps & en quel lieu commence l'Apartement ?

PARTHENIE.

Commencez donc, Menandre, de répondre à Philemon ; je vous fuivray aprés, fi je le puis, mais je doute que je le puiffe.

MENANDRE.

Je me hafte donc de vous dire, Philemon, que Loüis LE GRAND n'ignorant pas que

Tom. I. B

les Roys doivent à leur Sujets
le repos, la tranquillité, la sureté, les plaisirs honnestes,
qui font les fruits de tout le
reste, & de la paix qu'il a donnée à toute l'Europe, a, comme on vous l'a desja dit, raf-
semblé tous les divertisse-
ments innocents & magnifiques dans l'Apartement, où
l'on peut estre depuis six heures du soir jusques à dix. On
entre à cét Apartement, composé de neuf pieces differentes, également bien éclairées,
par une allée de lumiere, s'il
est permis de parler ainsi,
dont la longueur surprend a-
gréablement, & qui fera
un jour beaucoup plus belle
quand le fameux e Brun aura

achevé de la peindre auſſi bien qu'il a commencé. C'eſt cette belle Galerie que j'apelle une Allée lumineuſe, par ce qu'elle eſt éclairée comme ſi le Soleil luy meſme l'éclairoit ; qu'elle a des perſpectives de Miroirs qui en redoublent la longueur, des Orangers dans de grandes quaiſſes d'argent, & qu'on s'y peut promener ſans avoir chaud, comme ſi on ſe promenoit à l'ombre.

PARTHENIE.

L'Impatience me prend déja, Menandre ; & c'eſt ſe moquer de s'amuſer à parler de tout ce qui n'apartient qu'aux Architectes, aux Peintres, aux

Orphevres & autres célèbres Artiſans : & quand vous auriez parlé de la beauté de tous ces Chefs-d'œuvres de l'Art avec tout l'eſprit que vous avez, vous ſeriez expoſé à l'aventure de je ne ſçay quel fameux Peintre, dont on dit qu'un Cordonnier critiqua juſtement le ſoulier d'une figure du Tableau qu'il avoit fait, & qu'il avoit expoſé à la vûë du Monde : De ſorte que quoy que Philemon puiſſe dire, il ne faut point entreprendre de décrire l'Apartement en détail, on en détruiroit la beauté.

MENANDRE.

Vous avez raiſon, Madame,

& je sens bien que si j'entre-
prenois de représenter la belle Architecture de la Galerie,
celle du superbe Salon de mar-
bre, la Chambre où l'on voit
un Trône si magnifique, accompagné de tout ce qui peut
y convenir; de dépeindre celle de Mercure, où l'on voit
un Miroir admirable qui sur-
passe tous les autres, & par la
grandeur & par le travail, &
cent autres choses qui l'accompagnent que rien ne peut
égaler ; que j'aurois essayé de
décrire celle où l'on joüe à
toutes sortes de Jeux, où
Mars est representé au plat-
fond ; que j'aurois fait remarquer la beauté des Cabinets,
des Tables, des Miroirs, & de

cent autres chofes magnifiques qu'on y voit; que j'aurois
effayé de dépeindre cette autre Chambre fuperbe où le
Roy joüe au Billard à la vûë
de toute fa Cour, confervant
pourtant toûjours l'air de Maître du Monde : Que de là,
toûjours environné de lumiere
& de magnificence, j'aurois
fait paffer Philemon au lieu où
la Colation eft preparée, &
où l'on trouve, avec une abondance magnifique & un arran-
gement merveilleux, tout ce
que l'Automne elle - mefme
pourroit offrir de plus deli-
cieux; & que de là j'aurois encore conduit Philemon au lieu
où font des Buffets auffi propres que magnifiques, où l'on

voit une belle Coquille d'orphevrerie, aussi grande & plus
precieuse que celle où la Fable
fait aborder Venus à l'Isle de
Cythere, & où l'on trouve,
s'il faut ainsi dire, que l'Art a
imité ce que la Nature a fait
en divers lieux du Monde, de
faire des sources chaudes &
froides les unes auprés des autres, puis qu'on y trouve du
Chocolat, du Thé, du Café,
des Eaux glacées, de la Limo-
nade, du Sorbet & de cent
autres Liqueurs. Quand j'aurois ensuite nommé tous les
Peintres dont on voit en tous
ces divers lieux d'excellens Tableaux, comme Michel An-
ge, le Raphaël, le Carache,
le Dominicain, Rubens, le

Guide , Vandeik , le Titien ,
Paul , Veronnese , le Brun &
autres ; Aprés toute la peine
que j'aurois prise , les Architectes , les Sculpteurs , les
Peintres , les Orphevres , &
autres celebres Artisans , me
reprendroient encore sans doute plus justement que le Cordonnier ne reprit Apelle, comme vous l'avés si ingenieusement dit , Madame. Mais ce
que je ne puis m'empescher
de dire à Philemon , c'est
qu'en changeant de lieu on ne
change point de magnificence ; elle se trouve par tout selon que le requiert l'usage
qu'on fait du lieu où l'on est:
la lumiere vous suit également,
les yeux ne trouvent nul objet
qui

qui ne plaife, qui ne charme;
& en un mot, aprés vous
avoir dit que le Cabinet des
curiofitez eft infiniment au
deffus de tout ce qu'on a vû,
puis que c'eft proprement un
affemblage de tout ce que le
Soleil a produit de plus rare
& de plus precieux, ou dans les
entrailles de la Terre, ou dans
le fein de la Mer en toutes les
parties du Monde, que l'Art
a encore orné & embelli, &
que l'induftrie mefme a ran-
gé & placé fur des Tablettes
avec un ordre fi merveilleux
& une varieté fi grande, que
cet objet en general paroift
un enchantement, & ne laiffe pas la liberté de s'attacher à nul objet en particu-

lier; Aprés, dis-je, que …

PHILEMON.

Ah ! Menandre, n'allez pas ſi vîte, & dites-moy du moins quelque particularité qui me laiſſe quelque idée plus préciſe des raretez qui le compoſent.

MENANDRE.

Vous ne ſçavez, Philemon, ce que vous demandez: quand je vous auray dit que ce Cabinet eſt beau par luy-meſme, & qu'il le deviendra encore davantage ; qu'il eſt éclairé de Luſtres de criſtal de roche admirables ; qu'il y a des Vaſes de meſine matiere d'une exceſſive grandeur & d'une mer-

veilleufe beauté, garnis d'or
& de diamans ; des Buftes &
des Figures antiques ; une Nef
d'or garnie de diamans & de
rubis ; des Porcelaines de la
Chine & du Japon de toutes
les manieres ; des Vafes de
toutes les Agattes qui font en
toute la Nature, comme des
Agathonices d'Orient & autres ; des Vafes d'Emeraudes,
de Turquoifes, de Jade, de
Girafol, de Jafpe d'Allemagne
& d'Orient, de Pierre d'étoi-
le, de Cornaline Orientale,
de Crifolites, de plufieurs figures grotefques de Perles,
d'Emeraudes, de Rubis &
d'Agatte ; & que je vous auray dit encore que tout cela
eft entremeflé d'un grand

nombre de belles Filigranes
d'or & d'argent, d'une grande quantité de Vases de Con-
ques de perles ; qu'il y a des
Tableaux excellens, des Glaces de Miroirs au haut, & même des Animaux antiques, &
mille autres belles choses que
je ne puis pas nommer. Quand
j'auray mesme ajoûté qu'il y a
un Vase de Jaspe d'une grandeur excessive, dont la figure
est d'une espece d'ovale irre-
guliere qui servit au Baptes-
me de Charlequint, qui est
d'un prix inestimable ; que je
vous auray fait remarquer que
ce Vase sera plus estimé dans
deux mille ans , d'avoir esté
dans le Cabinet de Loüis le
Grand, que d'avoir servy à

la Ceremonie du Bapreſme d'un ſi grand Empereur : aprés tout cela, Philemon, j'auray plûtoſt fait de vous aſſurer que tous les treſors de Creſus, les richeſſes innombrables trouvées par Alexandre dans le Camp de Darius, & toute la magnificence du Triomphe de Veſpaſien & de Titus aprés la deſtruction de Jeruſalem, ne pourroient égaler ce que contient l'Apartement de beau, de riche, de rare & de precieux ; & cependant tout cela eſt la moindre partie de ce qu'il faut loüer à l'Apartement.

PARTHENIE.

En effet, c'eſt proprement la Liberalité, la Magnificence

& la Magnanimité du Roy
qu'il faut loüer & admirer. Il
ſe trouvera peut-eſtre aſſez de
gens qui à loiſir dépeindront
paſſablement en détail ce que
vous avez paſſé rapidement
en general ; mais peu de perſonnes peuvent mieux que
Menandre & moy, vous bien
dire ce que c'eſt que l'Apartement vivant, s'il eſt permis de
parler ainſi, pour vous bien
repreſenter ce que fait la preſence du Roy à l'Apartement
au milieu de ſa Cour raſſem-
blée par la joye qu'elle inſpire
& par ſa bonté.

MENANDRE.

Ce que vous dites, Mada-
me, eſt admirablement bien

dit ; & l'on ne peut comprendre, fans l'avoir remarqué foymefme, ce que la vûë du Roy fait à l'Apartement ; car cela feul fait qu'on y trouve la liberté & le refpect, la foule des Perfonnes choifies fans nulle preffe incommode, la joye fur tous les vifages, le Roy qui s'abaiffe fans s'égaler jamais ; toutes les paffions fufpenduës, s'il faut ainfi dire, jufques aux inimitiez qui n'ofent paroître devant luy, & qui fe renferment du moins en fa prefence. Tout le Monde y va avec le deffein de plaire ; & le Roy luy-mefme qui plaît toûjours, quand mefme il ne le voudroit pas, y va dans cét efprit-là : & l'on peut

dire enfin que c'eſt purifier
tous les plaiſirs que de les
mettre ſous ſa vûë , cela
vaut mieux pour les Courtiſans que les Loix les plus ſe-
veres : Il n'a que faire ny de
Gladiateurs, ny d'Amphithea-
tres, ny de Combats de Lions
& d'Elephans, ny de tant d'autres Spectacles dont l'Hiſtoire
ancienne eſt remplie ; & l'on
peut aſſeurer que le Roy a
trouvé l'art de tirer de luy-mê-
me tous les plaiſirs, puis que
c'eſt principalement ſa preſence qui fait l'Apartement,
ſans laquelle le reſte ne ſeroit
rien en comparaiſon. Il inſtruit meſme tous ſes Sujets,
par le peu de temps qu'il donne à ſes divertiſſemens, qu'ils

ne doivent pas faire l'occupation de toute la vie : il les mêle au travail, & ne manque jamais à rien des devoirs d'un grand Roy, pour donner quelques heures aux plaisirs d'un honneste Homme. S'il jouë, c'est avec une adresse admirable, une bonne grace sans pareille, une tranquillité merveilleuse, n'estant ny trop ny trop peu occupé du Jeu.

PHILEMON.

Ie sçai cela aussibien qu'on le peut sçavoir, car j'ay eu l'honneur de le voir joüer cent fois.

PARTENIE.

C'est autre chose de le voir

joüer à l'Apartement à la veuë
de toute sa Cour, Hommes &
Dames; & la derniere fois que
j'eus l'honneur de le voir joüer
au Billard, j'admiray son air,
son adresse, sa liberté prenant
garde à tout, remarquant
tout, sans joüer moins bien,
& étant aussi grand avec son
air soûriant & plein de bonté,
qu'avec sa fierté heroïque à la
teste de ses armées. Au reste
la justice le suit en tous lieux,
& il juge aussi équitablement
au jeu que dans ses Conseils:
il ne sçauroit s'en dépoüiller,
elle luy est essentielle, & il se
condamne plus facilement luy-
mesme qu'il ne condamne les
autres. Mais ce que l'Apartement à de singulier, c'est que

le Roy donne la liberté du choix des plaiſirs ſans vouloir qu'on ſe contraigne par ſa preſence , ſon exemple & le reſpect qu'on luy porte fait qu'on perd ſans emportement, qu'on joüe ſans diſpute , & que ſi le ſilence ne ſe trouve pas à l'Apartement comme en vn Deſert , on n'y entend du moins aucun bruit qui puiſſe bleſſer le reſpect qu'on doit au Prince : tous ceux qui joüent ſont ſervis avec ſoin , avec ordre , & avec tant de diligence , que rien ne leur manque jamais.

PHILEMON.

Mais il me ſemble avoir oüi dire que l'on danſe en

quelque endroit de l'Apartement.

PARTHENIE.

Ne vous a-t'on pas declaré,
Philemon, qu'on ne vous dé-
criroit pas tout l'Appartement
par l'impoſſibilité qu'il y a de
le bien faire ; vous voyez
qu'on ne vous dit rien de
Monſeigneur, de toute la Maiſon Royale, & de toutes les
Perſonnes importantes de la
Cour, dont il y auroit pourtant
tant de choſes agreables à dire,
& qu'on ſe renferme unique-
ment à parler du Roy.. Mais
comme la danſe de l'Appartement eſt ſinguliere, & que
c'eſt Madame la Dauphine qui
la regle, je veux bien vous en

dire quelque chofe. Vous fça-
vés Philemon que cette grande & charmante Princeffe a
trouvé l'art de conferver en
danfant toute la dignité de fon
rang, quoy quelle ait toute la
liberté & tout l'air que la belle
danfe demande, & qu'enfin il
eft impoffible de danfer de
meilleure grace ? Mais ce que
vous ne fçavez pas , c'eft que
les jours d'Appartement ce
n'eft pas un Bal regulier où les
Hommes foient pour danfer,
ce ne font que des Dames qui
danfent avec Madame la Dauphine, & cela joint à fon port
noble & modefte , luy donne
un air de Diane au milieu de
fes Nimphes , fans aucun mé-
lange d'Hommes , qui fait un

objet nouveau & infiniment
aimable : Les Courtiſans ce
jour-là ne ſont que les Specta-
teurs de ce Bal, qui eſt com-
poſé des belles & jeunes Prin-
ceſſes de la Cour, des Filles
d'honneur de Madame la Dauphine, & preſque de tout ce
qu'il y a de beau, de jeune &
d'aimable parmy les Femmes
de qualité, & comme elles
danſent toutes fort bien, on
ne peut rien voir de plus agreable.

MENANDRE.

Je croy avoir lû en quelque
part, qu'un ſçavant de l'antiquité ſoûtenoit que les Hommes qui avoient inventé la danſe avoient pris leur modele de

l'ordre, & du mouvement des étoilles ; de sorte que si ce n'estoit que ce seroit trop faire le bel esprit, que je ne suis, ni ne veux estre ; je dirois que ce Bal, qui n'est composé que de jeunes personnes, belles & brillantes, & par leur beauté & par les Diamants qui les parent, convient assez à cette Celeste origine.

PHILEMON.

Mais sçavez-vous bien que les divertissemens de l'Apartement, ont répandu la joye dans une grande partie de l'Europe.

MENANDRE.

Il n'est pas difficile de croire que cette nouvelle y eſt beaucoup plus agreable que celle des campements de la Saone, de la Sarre, de la Sambre, & de delà les Monts, car nous ſçavons que la moindre reveuë fait trembler toute l'Allemagne ; mais ce qui me paroît fort ſingulier, c'eſt que le Roy ait trouvé la gloire parmy les plaiſirs, qui d'ordinaire ſont ſeuls.

PHILEMON.

Cela vient ſans doute de ce que les motifs de l'Apartement ont eſté tous nobles, & que comme on l'a déja dit, la Liberalité, la Magnificence, & la Magnanimité du Roy en ſont la veritable ſource ; Mais

parmi

parmi tant de jeux & tant de plaiſirs, Madame, celuy de la converſation ne s'y peut pas trouver.

PARTHENIE.

On l'y trouve comme un autre quand on veut, on ſe ti-re à part, on s'aſſied & l'on parle deux ou trois enſemble : on y eſt donc en converſation comme par tout ailleurs, ex-cepté qu'on ny parle que de choſes qui plaiſent, & qui di-vertiſſent ; perſonne ne s'a-viſant de parler en ce lieu-là de choſes triſtes & fâcheuſes ; & le dernier jour que j'y fus, deux de mes amis & moy par-lâmes de la diſtinction qu'il faut faire de la joye & de l'en-joüement. D

PHILEMON.

Cét entretien devoit eftre fort agreable, & comme ce fut ce jour - là pour vous un des plaifirs de l'Apartement, vous m'obligerez fort Madame, de m'en dire quelque chofe, car il me femble que la joye & l'enjoüement fe reffemblent beaucoup.

PARTHENIE.

S'il m'en fouvient bien fans vous raporter cette converfa-tion en détail, on convint que pour en faire la diftinction bien jufte, il ne faut que remarquer qu'il n'y a perfonne au monde fans exception qui ne puiffe eftre capable de joye par quel-

que évenement heureux , &
qu'il n'y a qu'un certain nombre de perfonnes qui foient capables d'enjoüement : cette
derniere chofe eſt une qualité
particuliere de l'humeur de
ceux qui font d'un temperamment guay. Mais pour la joye
quand la fortune le veut, elle
fe trouve dans le cœur des perfonnes les plus mélancoliques,
elle y eſt mefme quelque fois
plus fenfible que dans celuy
des perfonnes les plus enjoüées, par ce que l'oppofition
en rend la fenfibilité plus grande : il fe trouve mefme qu'-
une joye extreme peut faire
foûpirer ; mais pour l'enjoüement il fait toûjours rire. On
convint encore que la joye ne

peut jamais naître toute ſeule, & qu'il faut qu'elle ait une cau- ſe étrangere , mais que l'en- joüement n'aît de luy meſme , & qu'il ne faut au plus que de la ſanté à ceux qui ſont de ce temperament - là pour ſe di- vertir de tout. On remarqua auſſi que la joye eſt une ſuite infaillible de toutes les paſſions quand elles ſont ſatis- faites , & que l'enjoüement ſub- ſiſte tout ſeul, quoy qu'il puiſ- ſe eſtre augmenté par des cho- ſes du dehors : tout cela fut mieux dit que je ne le raporte, mais ç'en eſt aſſes Philemon pour vous faire voir que la con- verſation ne manque pas mê- me à l'Apartement.

PHILEMON.

Aprés cela Madame , je voy bien que la liberalité du Roy s'étend jusques à donner de l'esprit à ceux qui ont l'honneur d'estre dans ses plaisirs.

PARTHENIE.

Mais puisque nous sommes sur un si grand & si beau sujet de parler , & qu'il ne fait pas aujourd'huy assez beau pour se promener long temps, entrons dans mon Cabinet dont nous sommes proches, & m'aprenez au juste ce que c'est que la Liberalité , la Magnificence , & la Magnanimité, dont je vous entends parler tant de fois depuis un quart

d'heure ; car je vous avoüe que
je confonds souvent tout cela,
& que je ne sçay pas bien les
justes bornes de ces vertus ou
de ces grandes qualitez-là.

MENANDRE.

Vous sçavez tout ce qu'il
vous plaît de sçavoir Madame,
& je suis asſuré que vous les dé-
meſlerez mieux que Philemon
& moy ne le pourrons faire.

PARTHENIE.

Je vous asſure ſincerement,
quoy que je vous parle en ſoûriant, que je ne sçay point du
tout ſi la Magnanimité peut
convenir à mon ſexe, & s'il y
a beaucoup de difference entre un homme liberal & un
Magnifique.

PHILEMON.

La Magnificence peut eſtre permiſe à quiconque a dequoy eſtre Magnifique, pourvû que la raiſon la borne ſelon ce qu'on eſt, & que la Magnificence n'ôte pas le pouvoir d'être liberal, mais elle eſt d'une bien-ſeance neceſſaire aux gands Rois, qui peuvent être tout à la fois Liberaux & Magnifiques. La Liberalité eſt une vertu qui ſouvent en ſe cachant devient plus Heroïque ; mais la Magnificence eſt une qualité d'éclat qui doit ſe montrer au grand jour, ſans nul motif de vanité, & c'eſt ce que le le Roy a fait en la Magnificence de l'Appartement : le plaiſir en eſt plus pour ſa Cour que pour luy ; elle fait honneur à ſon Regne, & à ſon Royaume, & elle ne coûte rien à tous ceux qui ont l'avantage de la partager avec luy.

PARTHENIE,

J'entrevoy par ce que vous dites que la Magnificence eſt plûtoſt une qualité Heroïque qu'une vertu, puiſque ſelon mon ſentiment les vertus doivent convenir à tout le monde.

MENANDRE.

Ce que vous dites Madame, eſt fort bien dit, mais en general on peut dire que la Magnificence Heroïque, renferme toûjours

toûjours la Liberalité. Ne voyez vous pas que par la Magnificence de l'Apartement, le
Roy par une nouvelle invention donne tous les plaisirs innocents à toute sa Cour. On
peut estre quelques-fois Liberal sans estre Magnifique,
mais jamais noblement Magnifique sans estre Liberal ; &
l'on peut ajoûter en parlant de la
Magnificence, que cette grande qualité ne doit jamais aller
seule , & qu'un Prince qui ne
seroit que Magnifique ne me-
riteroit pas de grandes loüanges. Mais quand on voit la
Magnificence accompagnée
de toutes les vertus Heroïques
comme en nôtre Roy, elle devient elle-mesme une vertu ;

car la Magnificence bien em-
ployée eſt un rayon de la
Magnanimité.

PARTHENIE.

Mais n'y a-t'il pas quelques-
fois des avares qui font quelque action de Liberalité & de
Magnificence ?

PHILEMON.

Tous ceux qui font quelque
action de vertu ne ſont pas
toûjours vertueux, il faut regarder l'uniformité de la vie
pour en bien juger, & il y a
quelques-fois des avares qui
par des motifs d'avarice ca-
chés dans leur cœur, font
quelques actions de Liberalité, & de Magnificence ſans ê-

tre ni Liberaux, ni Magnifiques, & il y en a aussi qui sans
biens & sans fortune, montrent qu'ils sont nez avec ces
qualités-là. En effet, nous a-
vons tous une Amie à qui le
renversement de sa Maison n'a
pas laissé assez de bien pour
faire de grandes liberalités ;
cependant elle a passé pour Liberale en tous les lieux où elle a vécu. Quand cette vertu
est dans le cœur, elle se ré-
pand dans toutes les actions de
la vie ; on ne cherche jamais
à acquerir du bien par des
voyes basses ; on évite les pre-
sens comme les autres les cherchent, on loüe avec plaisir
ceux qui donnent aux autres,
quand on ne peut donner soy-

meſme : on fait du moins de
bonne grace tous les petits
preſens qu'on peut faire ; &
quand le Roy luy - meſme feroit un preſent utile à celle
dont j'entends parler, elle ſen-
tiroit mille fois davantage la
maniere obligeante de la grace que l'utilité de la grace même ; de ſorte qu'on peut dire
que la Liberalité eſt une vertu
que tout le monde peut avoir,
& peut même faire paroître.
Mais je voy bien que pour la
grande Magnificence, elle n'a-
partient pas à de ſimples particuliers. Quand elle eſt ſans
bornes elle leur devient vicieu-
ſe & dommageable, & puis
qu'un liberal qui va trop loin
devient prodigue ; un Magni-

fique hors de son rang, de sa
qualité, & de ses forces meri-
teroit encore quelque nom pi-
re que celuy-là, & c'est pour
cela que je comprends que la
Magnificence Heroïque n'appartient qu'aux grands Rois ;
& l'on peut mesme ajoûter
qu'en ce Siecle elle ne peut ê-
tre Heroïquement pratiquée
que par le Roy, qui sçait si bien
unir la Liberalité, la Magnificence, & la Magnanimité,
qu'elles se trouvent jointes en
toutes les Royales dépenses
qu'il fait en toutes sortes d'occasions. La Magnificence en
particulier doit se pratiquer a-
vec plaisir, elle est pour les
grandes choses proportionnée
à son sujet, & a celuy qui la

pratique : Le Liberal se contente de donner de l'or ; mais
le Magnifique veut que la
beauté de l'Art se joigne à la ri-
chesse de la Matiere, & ne veut
donner que des Chefs-d'œuvres.

MENANDRE.

Mais ce qui fait le prix de
la Magnificence Heroïque ;
c'est quand elle regarde plus le
public & la posterité, que le
Magnifique luy-mesme, &
c'est ce qui rend le Roy le plus
parfait Magnifique qui fut jamais. S'il fait des Palais super-
bes, s'il embellit tous ceux des
Rois qui l'ont precedé, c'est
un present qu'il fait à tous ses
successeurs. S'il bastit un super-

be Hospital, ou la valeur malheureuse trouve le repos & la recompense, c'est une liberalité qu'il fait à tous les braves Soldats estropiés qui naîtront dans son Royaume, dans tous les Siécles qui suivront le nôtre : S'il fait une dépense extraordinaire pour la jonction des Mers, c'est non seulement pour l'utilité du commerce, & pour enrichir son peuple ; mais c'est encore pour la posterité la plus éloignée. L'Observatoire mesme servira à d'habiles gens, & dans ce Siecle & dans ceux qui suivront, à guerir le monde populaire de la frayeur chimerique des Comettes, & à perfectionner l'Astronomie, qui est une science fort noble quand elle n'excede pas son pouvoir : On peut mesme a-vancer sans s'éloigner de la ve-rité , qu'estant moins utile & moins necessaire , il est en cela mesme plus Magnifique , car la Magnificence consiste sou-vent à ne rien épargner pour les choses qui ne sont pas d'u-ne necessité absoluë ; & un ex-cellent Homme a dit autres-fois qu'une grande dépense faite à propos pour le plaisir d'un seul jour est plus Magni-fique , que si elle étoit pour plusieurs années.

PARTHENIE.

De grace n'oubliés pas ces nouvelles Academies que le Roy a establies à Strasbourg ,

à Tournay , à Valenciennes ,
& autres lieux , car felon moy
cette liberalité Magnifique eſt
la plus belle choſe du monde.

PHILEMON.

Vous y pouvez ajoûter , Madame , la plus Magnanime , car
le Roy en faiſant élever les
Enfans de la pauvre Nobleſſe
de ſon Royaume auſſi bien
qu'on les éleve en ces lieux-là,
ſe fait luy meſme des Sujets
vertueux qui luy doivent eſtre
auſſi obligés de l'éducation
qu'il leur fait donner , que de
la vie qu'ils doivent à leurs Peres ; car qui nous inſtruit à la
vertu nous donne plus que la
vie.

MENANDRE.

En effet ces Academies vont devenir des Pepinieres de bra- ves Soldats & de bons Offi- ciers : Se peut-il rien voir de plus Liberal, de plus Magni- fique, & de plus Magnanime? car fans cela l'ignorance & la pauvreté donneroient fouvent des inclinations roturieres à de jeunes gens d'une extraction fort noble.

PHILEMON.

Ne comptés vous pour rien la Magnificence que le Roy veut qui foit répanduë parmi fes Troupes ? Les belles Reveuës qu'il en fait, font trembler les Eftrangers qui les voyent,

par l'air superbe qui y paroît :
Cela éleve mesme le cœur aux
Cavaliers, & aux Soldats, & cent
raisons militaires rendent cette
Magnificence utile aussi bien
que noble. Un Cavalier bien
monté & bien vestu , deffend
son équipage comme sa vie, &
des Soldats bien armés & bien
habillés méprisent leurs ennemis délabrés quand ils les voyent dans le Combat , & les
vainquent plus aisément.

MENANDRE.

Ne voyez vous pas encore
que tout favorise la Magnificence du Roy , on trouve
pendant son Regne des inventions nouvelles pour l'éleva-
tion des eaux , de nouvelles

60   *Conversation.*

machines pour la guerre: Que
ne fait-il pas pour les Fortifications des Places qu'il a con-
quiſes ou pour celles de ſes
Frontieres ? je ne les nomme
pas, toute l'Europe les ſçait.
La Magnificence de ſes meubles étonne tous les Ambaſſa-
deurs qu'il reçoit, & les celebres Voyageurs qui ont vû celle du grand Mogol, & de tous
les autres Rois, la mettent mille fois au deſſus.

PARTHENIE.

Les recompenſes propoſées
aux inventions nouvelles, les
remedes rares achetés pour les
donner au Peuple meritent des
loüanges infinies, & s'il étoit
permis apres avoir commencé

par loüer l'Apartement, de parler de ce que le Roy fait pour
ramener à l'Eglise ceux qui en
sont separés, je mettrois cette
liberalité au dessus de toutes
les autres ; mais il faut laisser
cette grande action à loüer à
l'Histoire , & à ceux qui pre-
tendent cette année au prix de
la Poësie , puisque c'est le sujet
qu'on leur a donné pour loüer
le Roy.

MENANDRE.

Ce qu'il fait encore pour la
Guerre Maritime, soit pour les
Vaisseaux ou pour les Galleres,
fait assez voir qu'il est égal en
toutes choses.

PHILEMON.

Par tout où j'ay paſſé dans mon Voyage , j'ay trouvé qu'. un des plus grands étonne. ment des Eſtrangers , c'eſt de voir que quand le Roy a fait la Guerre , ſes grandes & nom- breuſes Armées ont trouvé par tout , comme par enchante- ment , des Magaſins ſi pro- digieux , que rien ne leur a ja- mais manqué : Un Avare man- queroit de tout , & il n'y a qu'un Magnifique qui puiſſe ſe re- ſoudre d'aſſembler plus de mu- nitions qu'il n'en faut pour n'ê- tre jamais expoſé à n'en avoir pas aſſés.

PARTHENIE.

Mais de grace n'oubliez pas
la priere que je vous ay faite,
il me semble que j'entends affez bien la Liberalité & la
Magnificence, mais pour la
Magnanimité elle me paffe, &
comme je n'ay jamais oüy dire, parlant d'une Femme, cette Dame eft Magnanime, quoy
que j'aye entendu dire affez
fouvent, une Dame Liberale
& une Dame Magnifique, je
ne fçay à vous parler fincerement, fi j'ay de la Magnanimité, ou fi je n'en ay pas, fi
c'eft dans mon efprit ou dans
mon cœur que je dois la cher
cher, & je me figure en un mot
qu'elle eft plus pour les Hom-

mes que pour les Dames, & que ſi quelqu'une en peut a-voir il faut eſtre Reine, ou du moins d'un caractere fort éle-vé & fort diſtingué.

MENANDRE.

Il faut demeurer d'accord, Madame, que la Magnanimi-té, telle que les grands Hom-mes de l'antiquité nous en ont laiſſé l'idée, ne convient qu'aux grandes ames & qu'aux gran-des choſes ; elle fait à toutes les vertus d'un Heros, ce que le vernix delicat fait au coloris des Tableaux, elle en fait pa-roiſtre les couleurs plus vives, mais cette grande qualité ne laiſſe pas de ſe pouvoir trouver en quelques femmes extraordi-

naires. La fameuse Nitocris
Reine de Babilone dont la
gloire est venuë jusques à nous,
cette illustre Romaine qui se
donna un coup de Poignard
en disant à son Mary qu'il ne
luy faisoit point de mal afin
de l'exciter à mourir, & pour
luy persuader qu'elle ne vouloit pas luy survivre, avoient
de la Magnanimité ; Porcie
Femme de Brutus en avoit aussi, & mille autres : Mais en general, Madame, vous avez raison, les Femmes qui ne sont
que de jolies Femmes, jeunes,
belles, enjoüées & brillantes,
n'ont guere de part à la Magnanimité, il faut estre fort distinguée par son merite, & par
un merite de vertu pour en ê-

Pagination incorrecte — date incorrecte

NF Z 43-120-12

tre capable , & que la fortune meſme ſe meſle de fournir
les occaſions qui la font éclater.

PHILEMON.

Je ne ſuis pas de ce ſentiment là , & je ſuis perſuadé
qu'il eſt de la Magnanimité
pour les Dames , comme du
courage & de toutes les grandes qualités dont elles peuvent
avoir les fondemens dans le
cœur, ſans en montrer que ce
que la bien-ſeance de leur Sexe leur en permet. Le courage dont je viens de parler ne
fait pas aller à la Guerre celles
qui en ont , mais il leur donne une modeſte hardieſſe qui
les empeſche d'avoir cent pe-

tites craintes inutiles dont
quelques Dames font affez fouvent fufceptibles, c'eft par là
quelles peuvent facilement fe
délivrer de la crainte exceffive
du Tonnerre, de celle de perdre leur beauté, & mefme de
l'extréme apprehenfion de la
mort, & par confequent eftre
capables de Magnanimité felon leur état.

PARTHENIE.

Vous me faites beaucoup
de plaifir, Philemon, de n'interdire pas tout à fait aux Dames cette grande qualité qui
perfectionne toutes les vertus

MENANDRE.

Je n'ay pas pretendu, Madame, les en priver. En effet nous connoiſſons des Dames qui ayant leurs Maris à la Guerre, & peut-eſtre meſme quelques-unes leurs Amants, préferent leur gloire à leur vie, & qui ſe trouvant dans des Places aſſiegées deffenduës par leurs Maris, ne les importuneroient pas de leurs larmes pour les obliger à les rendre plutoſt, & cela ſe peut appeller Magnanimité.

PARTHENIE.

De grace tirés-moy d'erreur ſi j'y ſuis ; la generoſité eſt-elle fort differente de la Magnanimité, car il me ſemble qu'elles ſe reſſemblent fort ?

MENANDRE.

Il est certain, Madame, que
la vraye Magnanimité renferme toûjours la generosité,
mais il est vray aussi que la generosité ordinaire a des bornes plus étroittes, & qu'on
peut quelques-fois estre genereux, sans estre pourtant veri-
rablement Magnanime ; &
comme je pense vous avoir dit
que la Magnificence noble
renferme toûjours la Liberalité, quoy que la Liberalité
puisse se trouver sans Magnificence, je repete ce que je viens
d'avancer, & soûtiens que la
Magnanimité contient en elle
mesme la generosité, quoy
que la generosité commune ne

puiſſe s'élever juſqu'à la Ma-
gnanimité·

PARTHENIE.

Mais enfin, Menandre, deſ-
finiſſez moy plus préciſément
la Magnanimité, & donnez-
moy l'idée d'un veritable Magnanime.

MENANDRE.

La vraye Magnanimité com-
me je la conçois, eſt une bonne opinion de ſoy, fondée ſur
la raiſon & ſur un merite ſoli-
de qui fait aſpirer à de grandes choſes & mépriſer les petites ; car on ne peut eſtre veritablement Magnanime, ſi on
ne s'eſtime ſoy-meſme, & quiconque ne s'eſtime pas autant

qu'il doit s'abaisse à des chofes au deffous de luy, & il faut que le Magnanime ne fe puiffe abaiffer en nulle forte de fortune, fans s'élever auffi jamais audeffus de ce qu'il eft, car ce ne feroit plus Magnanimité ; ce feroit orgueüil ; mais il faut pour cela que le Magnanime puiffe juger auffi équitablement de fon propre merite en faveur des autres contre luy mefme, que du merite des autres en fa faveur, & que le veritable honneur foit toûjours l'objet du Magnanime, qui ne déguife jamais par foibleffe ny fa haine ny fon amitié, & qui trouve toûjours que la diffimulation eft indigne de luy. En effet le Magnanime ne ment jamais , il est de l'avis de quelques Quatrains de morale d'un de nos amis.

PARTHENIE.

Je me souviens bien de ces Quatrains-là , mais non pas précisément des vers : je sçay seulement qu'aprés avoir dépeint l'horreur qu'on doit avoir du mensonge , la conclusion est que mentir est une lâcheté inexcusable , parce que c'est toûjours de necessité.

Craindre , tromper ou medire.

MENANDRE.

Oüi Madame , ce sont ces vers-là dont j'entends parler; le sens en est fort juste , car on
ne

ne ment guere que par l'un de
ces trois motifs-là ; mais pour
le Magnanime il ne craint rien,
il trouve beaucoup de petitef-
fe à tromper , il n'en trouve
guere moins à médire : un veritable merite ne croit pas a-
voir befoin de détruire celuy
des autres pour s'eftablir , il
méprife l'envie qu'on luy porte, & n'envie jamais perfonne,
il eft toûjours au deffus de la
médifance , & fans s'affujettir
aux fentimens des autres , il defire toûjours quelque chofe de
grand, & s'en croit capable.

PARTHENIE

Mais il me femble que le
Magnanime que vous me re-
prefentés eft fort propre à ê-

tre Ambitieux.

MENANDRE.

Le Magnanime, Madame,
eft quelques-fois & le plus fouvent ambitieux, mais il peut
ne l'eftre pas de cette ambition, qu'on appelle proprement ainfi dans le monde : il
ne s'y faut pas tromper, l'ambition peut eftre mauvaife, &
par fes motifs & par les moyens dont elle fe fert ; mais la
Magnanimité ne le peut jamais eftre, & l'on peut dire en
ces deux fens, que tout Magnanime eft Ambitieux, mais
que tout Ambitieux n'eft pas
Magnanime. L'Ambitieux qui
n'eft qu'Ambitieux, fait cent
baffeffes pour fatisfaire fon

ambition ; le Magnanime n'en feroit pas une feule , car il trouveroit cela petit & non pas grand de s'élever par des baffeffes , quand mefme perfonne ne le pourroit jamais fçavoir , ayant une fi haute idée de fa propre vertu, qu'il craindroit de la bleffer , & c'eft cette idée qui luy fert de regle qu'il prefere à tout le refte. Je n'entends pas parler icy, Madame, d'une Magnanimité furnaturelle , qui a peuplé autres-fois les Deferts de la Thebaïde de grands Hommes & de grands Saints ; de cette Magnanimité dis - je qui trouve petit tout ce que nous trouvons grand, qui fe mocque de tous les amufemens du mon-

de, & qui bien loin de porter
à s'eſtimer ſoy-meſme, porte
pluſtoſt à ſe mépriſer : ce n'eſt
pas icy le lieu de l'admirer, on
ne l'acquiert pas, on la reçoit
du Ciel. Je parle donc ſeulement de cette Magnanimité
naturelle qui a eſté en tous les
Siecles & en toutes les Nations, l'achevement de toutes
les vertus Heroïques.

PHILEMON.

En mon particulier je ſuis
perſuadé que de toutes les
Magnanimités celle qui éclate
le plus, & qu'on admire davantage, eſt celle qui ſe joint
à la valeur meſme ; car mépriſer la mort avec tranquilité eſt
le chef d'œuvre du Magnanime.

PARTHENIE.

Mais il me semble pourtant que la Magnanimité ne consiste pas toûjours à mepriser le peril & à vaincre, & qu'elle consiste encore à pardonner, à faire la paix, où à la donner quand on peut vaincre & à ne tirer mesme nul avantage de ses propres avantages.

MENANDRE.

Ce que vous dites, Madame, est fort juste. Prendre une Province & la rendre le lendemain sans y estre obligé comme si de rien n'estoit : Un petit homme ou un petit cœur ne peut jamais faire cela, il ne s'assure pas d'y pouvoir revenir

G iij

quand il voudra; cela luy coûte trop pour l'abandonner de la forte. Un petit cœur se remplit d'une grande action, un grand cœur ne l'est pas d'une grande ny de plusieurs : il sent en luy-mesme une source inépuisable de bonnes actions; cependant le veritable Magnanime ne parle jamais que tres-modestement de luy-mesme, comme le Roy qu'on ne peut trop loüer sur cela.

PHILEMON.

Il me paroît qu'une des plus essentielles marques du Magnanime, est une certaine confiance au dessus de la raison, qui luy fait entreprendre les choses les plus difficiles, sans craindre de n'y pas reüssir, & qui le fait parler quelques fois comme s'il estoit asseuré des évenemens. En effet hors cette confiance Heroïque, Cesar eût esté fol quand il disoit pour r'assurer un Pilote épouvanté par une tempeste extraordinaire. *Ne crains rien, tu portes Cesar & sa Fortune.* La Magnanimité n'étoit pas tant à dire cela, car il le pouvoit dire par dissimulation, mais à entreprendre ce qui le luy faisoit dire & dont il se pouvoit passer; car cette action de Cesar fut proprement une impatience Heroïque. En effet estant arrivé à Apollinie, & voyant que les Troupes qui l'y avoient suivi étoient trop foibles pour at-

taquer Pompée, dont il n'étoit
pas fort éloigné, & que celles
qu'il avoit commandées pour
le suivre tardoient trop à venir, il prit un party fort dangereux pour aller en personne
à une Ville de Calabre apellée
Brindes, les faire haster si elles y estoient arrivées, ou pour
ne s'y attendre plus si elles n'y
estoient pas. Il se jette donc de
nuit dans une Fregate à douze
rames en habit déguisé malgré la Tempeste qui s'éleva, de
sorte que le Pilote n'y pouvant
resister, commanda de faire
voguer en arriere pour regagner le Port, & ce fut alors que
Cesar en se faisant connoistre,
luy dit avec une intrepidité
merveilleuse. *Ne crains rien,*

tu porte Cefar & fa Fortune.

MENANDRE.

Cette action a beaucoup de hardieffe , & par confequent de la Magnanimité : Mais il y a une plus belle action de Saint Loüis , qui laiffe pourtant quelque chofe à retrancher de la Magnanimité de ce grand Roy, quoy que ce foit une action bien Magnanime.

PARTHENIE.

Je m'en fouviens confufément pour l'avoir leuë dans la vie de Saint Louis , écrite par le Sire de Jonville que vous me preftâtes un jour , mais vous me ferés plaifir de me la remettre en la memoire, pour

voir ſi elle ſurpaſſe celle de
Ceſar.

MENANDRE.

La voicy, lors que S. Loüis
en s'en revenant fut auprés de
l'Iſle de Chipre, il s'éleva une
tempeſte effroyable , & ſon
Vaiſſeau heurta ſi rudement
contre un Banc de ſable qu'il
y eut trois toiſes de la principale piece du Navire par deſſous, qui furent emportées par
l'impetuoſité des vagues , à ce
que raporterent au Roy quatre hommes qui avoient plon-
gé & paſſé par deſſous le Vaiſſeau de ce Prince pour l'aller
viſiter ; le rapport eſtant fait,
le Roy demanda au Pilote &
aux Matelots s'il y avoit du

danger à demeurer dans ce
Vaisseau, ils répondirent qu'ils
en avoient veu entre-ouvrir un
à qui pareil accident étoit arrivé
dans lequel tout avoit peri, &
qu'ils luy conseilloient de mettre sa personne, celle de la
Reine & des Princes ses enfans en sureté en passant dans
un autre Navire. Mais ce grand
& Magnanime Roy demanda
au Pilote si le Vaisseau estoit à
luy, & qu'il fût chargé de
Marchandise qui luy apartint
s'il en sortiroit ; le Pilote répondit que non, parce qu'il
aymeroit mieux hazarder sa vie
que de s'exposer à perdre tant
de richesses, mais qu'il y avoit
bien de la difference entre un
pauvre Pilote & un grand Roy.

Ce Prince conſiderant alors
qu'il y avoit dans ſon Vaiſſeau cinq ou ſix cens perſonnes, qui l'en voyant ſortir avec toute la Famille Royale ny demeureroient pas & qui
ne pouvant eſtre receus dans
les autres Vaiſſeaux, déja trop
chargés, ſe jetteroient dans
l'Iſle ennemie dont ils eſtoient
proches, & y periroient ſans
pouvoir jamais revenir en France; il prit la magnanime reſo-
lution de ne quitter pas le
Vaiſſeau, diſant heroïquement
que cinq ou ſix cens ſujets qui
l'avoient ſuivi dans les perils,
valoient mieux à conſerver que
la Marchandiſe du Pilote, &
qu'il aymoit mieux mettre ſa
Perſonne & celle de la Reine

& de ses Enfans en la main
de Dîeu, que de les abandonner. Ce qui fit encore éclater
davantage cette Magnanime
action, c'est qu'un homme de
Qualité d'une valeur si connuë
& si distinguée , que le vail-
lant Autheur qui la raporte,
témoigne que c'estoit le plus
brave homme qu'il eût veu
pendant la guerre de la Terre Sainte , ne voulut pas
demeurer dans ce Vaisseau
& se fit descendre à l'Isle, où il
demeura plus d'un an & demi
sans pouvoir obtenir sa liberté
quelques grandes sommes
qu'il pust offrir ; ce qui fait
voir que ce Magnanime Roy
sauva la vie à six cens de ses
pauvres sujets , qui n'auroient

pas eu dequoy payer les tributs qu'on auroit exigé d'eux. Le Ciel benit cette action Magnanime, mais le Pilote avoit pourtant raison, & le Roy, sans cette confiance heroïque dont on a parlé auroit eu tort, car la personne des grands Rois ne se peut hazarder qu'en hazardant leurs Royaumes, cependant je suis persuadé, Madame, que vous & Philemon, trouvez l'action de Saint Loüis plus Magnanime que celle de Cesar.

PARTHENIE,

Je suis de vostre sentiment, & l'on ne peut pas estre d'un autre, mais cependant je ne puis m'empéscher de trouver

que l'extreme Magnanimité
n'eſt pas toûjours d'accord a-
vec la prudence.

PHILEMON.

Mais Madame, la vraye Ma-
gnanimité paſſe ſouvent les regles de la raiſon commune, &
ne ſe juſtifie que par les évenemens heureux. Il faut eſtre
Magnanime à un Roy de Ma-
cedoine pour aller combattre
la Perſe, & former le deſſein
de la Conqueſte du monde,
avec trente mille hommes ſeulement.

MENANDRE.

Il faut eſtre Magnanime à
un Roy de France pour ne ſe
pas étonner de voir contre luy

toute l'Europe ; Magnanime pour entreprendre des Conquestes apparemment impossibles, pour aller en Hiver conquerir la Franche-Comté, assieger & prendre des Places fortes, changer en mieux toutes les manieres ordinaires de la Guerre, faire plusieurs Sieges à la fois, & reüssir en tous également, forcer le passage d'un grand Fleuve à la nage, prendre d'assaut une Place, où sans Ennemis on eust eu bien de la peine à grimper, il faut avoir bien compté avec soy-mesme pour entreprendre tout cela.

PHILEMON.

S'il n'y avoit pas de grands prepa-

preparatifs, une longue medita-
tion, une infinité de choses extraordinaires assemblées
pour ces évenements extraordinaires, ce ne seroit pas Magnanimité, ce seroit une har-
diesse temeraire.

MENANDRE.

Mais si avec tout cet assem-
blage & tous ces preparatifs,
il n'y avoit pas aussi beaucoup
de hazard, si un jour une heure de plus ou de moins, un accident fortuit, ne pouvoient
pas renverser toute la machi-
ne, comme on l'a veu en toutes les Campagnes du Roy, ce
ne seroit pas Magnanimité, ce
ne seroit qu'habileté simple.
On ne peut pas estre un hom-

me extraordinaire en ces fortes de chofes fans une confiance en foy-mefme, qui eft plutoft infpirée que naturelle : c'eft Dieu qui tranfporte les Empires, les Conquerans fentent une main qui les mene, qui les conduit, & qui les affure, ils femblent eftre d'accord avec le Ciel, avec le danger, avec la mort mefme, elle n'oferoit les aprocher. Toutes ces grandes veuës quand elles ne font pas fauffes conviennent au Magnanime, car fi elles l'eftoient, cette efpece de Magnanimité ne feroit qu'une folie, comme l'a dit un des premiers Hommes de l'antiquité. Cefar, & Alexandre ont pû eftre Magnanimes, on

n'eſt pourtant pas auſſi aſſuré
qu'ils l'ayent eſté, autant qu'on
le feroit de beaucoup d'autres,
dont les actions n'ont pas eſté
ſi éclatantes, & ces Dictateurs
qui retournoient à la Charuë,
& qui mépriſoient l'or de Pir-
rus en ne mangeant que des
Legumes, eſtoient peut-eſtre
auſſi Magnanimes qu'eux, car
& l'un & l'autre de ces Princes ont fait des actions qui é-
toient bien éloignées de la Magnanimité, & c'eſt pour cela
que le veritable Magnanime
doit bien ſonger à ne ternir jamais mille belles actions par
une mauvaiſe; car, Madame,
pardonnez-moy ce proverbe
en faveur de Philemon, qui a
paſſé en des lieux où ils ſont

fort en ufage , fi tous les Peuples ont raifon de dire qu'une Irondelle ne fait pas le Printemps , il eſt encore plus veritable de foûtenir qu'une feule action de Magnanimité , quelque grande quelle foit , ne peut pas faire un veritable Magnanime , elle peut eſtre parfaite en elle-meſme , fans qu'il foit parfait en Magnanimité.

PARTHENIE.

Tout ce que vous dites eſt admirable , Menandre , mais je vous avoüe que cette Magnanimité qui confiſte à faire mépriſer les perils , m'a fait trembler mille fois pendant les glorieuſes Campagnes du Roy , j'en tremble meſme enco:

re quand j'y penfe. Je fçay
bien que c'eft cette Magnanimité qui fait tous les Conquerans, mais que c'eft auffi cette mefme Magnanimité qui les
perd, qui les arrefte tout court
au mileu de leurs Conqueftes.
Quaprés avoir long-temps &
heureufement compté fur eux
mefmes & avec le Ciel, comme il a efté dit, ils fe trouvent quelques-fois mécomp-
tez ; en un mot, Menandre,
je trouve tres beau d'avoir efté
Magnanime de cette forte,
mais permettés-moy de douter s'il eft bon de l'eftre toûjours, car en mon particulier
je ne fçay pas bien s'il n'y a
pas une autre Magnanimité
plus noble & plus belle à un

grand Roy dans le salut duquel eſt renfermé celuy de tous ſes ſujets, à ne vouloir plus ny guerre ny perils que neceſſaires à ſe mettre audeſſus de cette avidité de gloire, par la connoiſſance qu'il en a déja aſſez, & qu'il en aura davantage quand il voudra ; gardés donc, Menandre, voſtre Proverbe d'Irondelle que vous nous avez raporté, car je veux des bornes à la Magnanimité comme à toute autre choſe : Dieu en a donné à la Mer, les Heros en doivent donner à leurs Conqueſtes.

MENANDRE.

Il faut eſtre la meilleure ſujette qui fût jamais, Madame,

pour parler comme vous faites, & en mefme temps la plus
équitable, car il eft vray qu'on
ne peut trop trembler pour un
Prince, dont le falut eft celuy
du premier Royaume du
monde.

PHILEMON.

Ceux qui ont l'honneur de
voir le Roy dans le peril, Madame, en ne tremblant pas
pour eux-mefmes, ont trem-
blé mille fois pour luy, auffi-
bien que vous & davantage,
car les perils qu'on voit de
prés, touchent beaucoup plus
que ceux qu'on apprend de
loin.

PARTHENIE.

Mais pour détourner mon eſprit de cette penſée qui le trouble encore, ne trouvés-vous pas qu'Alexandre donna des marques de Magnanimité dés ſon Enfance, lors qu'il dit qu'il ne vouloit courir qu'avec des Roys?

MENANDRE.

Cela eſt fort bien remarqué, Madame, & c'eſt cette eſpece de Magnanimité qui a fait apeller le Lion le Roy des Animaux, parce qu'il ne veut combattre que des ennemis redoutables, & qu'il mépriſe les foibles. Mais ce que dit Alexandre en l'âge où il eſtoit, n'eſt

n'eſt qu'un ſimple prejugé en
ſa faveur : il faut que la raiſon
ſoit formée pour meriter des
loüanges de Magnanimité ; &
il y a meſme quelque-fois des
actions d'éclat qui ébloüiſſent,
& qui, à les regarder de prés,
ſont moins Magnanimes qu'on
ne penſe.

PHILEMON.

Je ſuis de cét avis ; car il y
a aſſurément des actions Magnanimes que l'on peut regarder diverſement. Par exemple,
aprés la Bataille de Pharſale
on remit entre les mains de
Ceſar des caſſettes qui conte-
noient tous les papiers de Pompée. La politique & la prudence euſſent peut-eſtre vou-

lu qu'il les eût examinez ou fait examiner foigneufement; mais la mefme Magnanimité qui le porta à détourner genereufement les yeux de la tefte de fon ennemy mort lors qu'on la luy prefenta , s'y oppofa. Comme il avoit refolu aprés cette grande Victoire de gagner tous les cœurs par la douceur & par la clemence, il ne voulut point fçavoir les fecrets d'un ennemy vaincu & mort; il ne voulût pas mefme fçavoir les noms des amis particuliers de fon ennemy , & fit brûler tous fes papiers fans les lire. Il en fit autant de ceux de Scipion en l'Ifle de Tapfus ; de forte que Cefar fut blàmé des Politiques & loüé des Magnanimes.

MENANDRE.

Cette Magnanimité pouvoit
estre justement suspecte d'une
profonde Politique , il avoit
peut-estre tout vû, & donnoit au
public cette démonstration de
ne vouloir rien voir , afin que
pas un de ceux qui estoient
dans ces papiers ne se , crût
perdu dans son esprit , & ne
le crût irreconciliable avec lui.

PARTHENIE.

Vous estes trop habile, Menandre ; mais pour moy qui
ne le suis pas tant , je trouve
quelque chose de fort beau à
cette action ; & Cesar fit pour
Pompée ce qu'il eût voulu que

Pompée eût fait pour luy s'il eût esté à sa place. Mais ne trouvez-vous pas qu'il peut y avoir une Magnanimité bien Royale, sans aucun peril de l'Estat ny du Roy, sans aucune frayeur & sans aucune inquiétude pour ses sujets? Ne trouvez-vous pas, dis je, que le chef-d'œuvre de la vraye Magnanimité est de voir un grand Roy qui observe le premier les Loix qu'il **a faites**, & qui se soûmet mesme à celles qu'il trouve établies quand elles sont justes, ou les redresse quand elles ne le font pas?

PHILEMON.

Cela est sans doute admirable ; & il n'apartient qu'à la Magnanimité heroïque d'inspirer ce fentiment-là , dont nous avons un fi grand exemple devant les yeux.

PARTHENIE.

Peut-on trop loüer le Roy d'avoir donné fa voix contre luy-mefme, en une affaire où les voix eftoient partagées? ce qui luy fit perdre plufieurs millions. Et peut-on affez loüer la Declaration qu'il a faite contre les Duels ? Cette jufte feverité eft beaucoup plus loüable que la clemence mal entenduë ; car en favorifant ces fortes de criminels, elle augmente fouvent les crimes.

MENANDRE.

Ce que vous venez de dire paſſe la Magnanimité naturelle : mais, Madame, le plus ſage homme de l'Antiquité, qui avoit un jeune amy ambitieux, vouloit meſme que les prieres qu'on faiſoit aux Dieux fuſſent magnanimes, & jamais interreſſées.

PHILEMON.

Vous voulez, ſi je ne me trompe, parler de Socrate & d'Alcibiade.

PARTHENIE.

Comme je ne connois pas ſi bien ces deux honneſtes gens-là que Philemon, dites-

mòy, Menandre, ce que vous
en vouliez dire.

MENANDRE.

Ce n'eſt proprement qu'une
petite Hiſtoire , pour prouver
ce que j'ay avancé, que Socrate vouloit que les prieres qu'on
faiſoit aux Dieux fuſſent magnanimes , & non pas baſſe-
ment intereſſées , en demandant cent bagatelles , & bien
ſouvent des choſes nuiſibles.
Voici ce qne c'eſt: Socrate ren-
contra un jour Alcibiade cou-
ronné de fleurs, ſuivant l'uſage, qui s'en alloit faire un Sa-
crifice ; il le queſtionne, & luy
demande quelle priere il va
faire aux Dieux. L'autre ne le
ſçait pas trop bien , & répond

ambigument. Socrate luy demande alors, s'il seroit content que les Dieux luy promissent la souveraineté d'Athenes, ou celle de la Grece, ou si cela ne suffisoit pas, l'Empire de l'Europe ou de l'Asie. Et qui ne le seroit pas, dit Alcibiade d'un air content? Alors Socrate luy montra qu'en demandant toutes ces grandes choses & en les obtenant, il pourroit arriver qu'il auroit demandé son propre malheur; luy faisant entendre que l'unique priere raisonnable qu'on pouvoit faire aux Dieux, étoit une seule, déja en usage long-temps auparavant. La voilà.

O Jupiter! donnez nous ce

qui est bon, quand nous ne le demanderions pas ; & ne nous donnez pas ce qui est mauvais, quand mesme nous le demanderions.

Socrate ajoûta, que tous les autres souhaits purement ambitieux paroissoient magnanimes & ne l'estoient point, & que la Magnanimité est souvent le plus beau des noms qu'on donne à la folie. De sorte qu'Alcibiade convaincu de ces veritez, oste la Couronne de fleurs qu'il avoit sur sa teste, & la met sur celle de Socrate, protestant qu'avant que d'aller sacrifier aux Dieux, il veut tâcher d'apprendre ce qui est veritablement grand & digne d'un cœur Magname, pour le leur demander.

PARTHENIE.

Vous avés raison, Menandre, d'avoir appellé cette priere magnanime , car pour des Payens elle est tres-belle , & vôtre petite histoire, pour parler comme vous, à un sens fort solide & fort bon, faisant connoître que la veritable magnanimité est de mépriser tout ce qu'on peut desirer par petitesse de cœur & d'esprit. Mais aprés avoir tant dit de grandes & belles choses de la magnamité, permettés-moi de vous demander par curiosité seulement, & sans nul interest, si elle peut trouver place avec l'amour dans un même cœur.

MENANDRE.

N'en doutés pas Madame, & quoy que cette paſſion, qui des-regle bien ſouvent la ſa-geſſe même, puiſſe auſſi des-ranger un peu la magnanimité, il n'eſt pourtant nullement im-poſſible qu'elles ne ſubſiſtent enſemble; il y en a pluſieurs exemples, les larmes d'Arte-miſe en ſont une preuve, & quand l'hiſtoire n'en fournit pas aſſés, d'excellents hommes en donnent des Modeles dans leurs ouvrages, & le Taſſe en nous montrant Olinde & So-phronie, qui diſputent à qui mourra pour ſe conſerver la vie l'un à l'autre, nous aprend que la Magnanimité doit ſub-

fister avec l'amour, & peut
même luy donner de nouvelles forces. Et cette bande fa-
crée dont l'antiquité a tant
parlé le montre auffi affez clairement.

PHILEMON.

Il faut bien que cette opinion foit de tous les temps,
& de toutes les Nations ; car
tous ces ordres de Chevalerie
dont l'on voit des traces
dans nos Hiftoires, ou dans
les vieux Romans de differens
Païs, joignent la magnanimité à l'amour. On veut que
tout Chevalier qui rencontre
une Dame oppreffée hazarde
fa vie pour elle, quand même
il ne la connoîtroit pas : jugez

ce qu'il est obligé de faire pour
sa Maîtresse.

MENANDRE.

Ce que vous dites est vray,
mais en ce temps-cy les Amans
magnanimes sont à mon avis
fort rares, & ce seroit bien
assés pour les Dames, qui ont
le malheur d'avoir des Amans,
s'ils étoient discrets & fidelles.

MENANDRE.

Il faut avoüer à la honte de
l'Amour & des Amans, que la
Magnanimité se trouve plus
ordinairement jointe à l'amitié, parce que n'étant pas si
tirannique que l'amour, elle ne
des-regle & ne des-range rien
dans les cœurs qui en sont ca-

pables, & qu'au contraire un
Ami magnanime peut beau-
coup contribuër à rendre ceux
qu'il aime, plus vertueux ; car
il ne les flatte jamais dans
leurs défauts , & leur donne
toûjours de bons conſeils. Un
Ami magnanime eſt un treſor
ineſtimable , il ne change jamais avec la fortune, il ſuit &
ſert ſes Amis malheureux ſans
nul intereſt que le plaiſir de
faire ſon devoir.

PARTHENIE.

Ah ! Menandre , ces ſortes
d'Amis ne ſont guere moins
rares que les Amans magnanimes ; & l'hiſtoire n'en fournit
pas tant d'exemples que la
Fable n'ait eu beſoin d'en don-

ner des modeles, comme vous le fçavez mieux que moy. Cependant je ne puis m'empécher de vous demander encore fi la Magnanimité peut fe trouver avec la haine auffi bien qu'avec l'amour & l'amitié.

MENANDRE.

Il n'en faut pas douter, Madame, un veritable Magnanime méprife plûtoft qu'il ne hait ; mais s'il eft forcé de haïr, il hait du moins noblement: il connoît toûjours les bonnes qualités de fon ennemi s'il en a & en convient , il veut que le motif de fa haine foit jufte, & s'il fe venge, que ce foit auffi d'une maniere magnanime, fans employer jamais des moyens indignes de luy. Si ſon ennemi meurt, il ſe conſole de perdre cette occaſion de vertu ſans s'en réjoüir, ſi cet ennemi revient à la raiſon, ne pouvant luy rendre ſon eſtime & ſon amitié, il luy rend du moins toute l'honneſteté poſſible, & ne témoigne plus ſe ſouvenir du paſſé. L'oubli des injures eſt le plus noble & le plus difficile effet de la Magnanimité naturelle, & ſemble eſtre reſervé à cette autre magnanimité ſurnaturelle dont j'ay parlé au commencement.

PARTHENIE.

Mais Menandre, peut-on eſtre jaloux ſans ceſſer d'eſtre magna-

magnanime ? je le croy du moins difficile, car la jaloufie aveugle, & la haine qu'elle caufe eft d'une efpece particuliere.

MENANDRE.

Oüy Madame, s'il eft poffible qu'un veritable Magnanime puiffe avoir de la jaloufie, dont je doute un peu, il ne ceffera pas de l'eftre pour cela ; s'il punit & maltraite fon Rival, il fe refpectera encore luy même en la perfonne qu'il aura aimée & qu'il n'aime plus, & ne la noircira pas, il l'oubliera magnanimement ; & il n'y a prefque que les avares qui ne peuvent jamais avoir nulle part à la magnanimité,

c'eſt un vice entierement oppoſé à cette qualité heroïque.
En un mot, Madame, la Magnanimité eſt une qualité ſi ex-
cellente, qu'elle fait les Grands
Rois, les bons & fidelles ſujets,
& tous les hommes plus vertueux & plus parfaits.

PARTHENIE.

Mais aprés tout ce que vous
venez de dire, il me paroît que
pour ſe former l'idée d'un Magnanime parfait, il ne faut pas
faire ce que fit ce fameux Peintre, qui pour repreſenter parfaitement la plus belle des
Déeſſes, prit quelque choſe de
chacune des cent plus grandes
beautez de la Grece, & reüſſit
mieux par là que tous les Pein-

tres qui l'avoient precedé ; car
fans regarder ny Alexandre ,
ny Cefar, ny Augufte, ny mefme tous les Heros de la Fable,
il ne faut que raffembler toutes les grandes & admirables
actions du Roy , & on trouvera
un Tableau du parfait Magnanime , plus accomply & plus
merveilleux que la Venus de
Gnide fi celebre dans tous les
Siecles dont je veux parler, ne
le pouvoit eftre , pour donner
l'idée de la beauté parfaite.

MENANDRE.

Cela eft fort galamment dit,
Madame , & fi vous voulés
vous donner la peine de faire
le Portrait de noftre Heros,
cette Peinture fera l'admira-

tion de tous les Siecles. Mais
Madame , ne vous y trompés
pas, cét excellent Modele em-
belit tous les jours, & nous en-
trevoyons une nouvelle gloire
qui se prepare que nous n'aper-
cevons encore qu'en éloignement. Nous avons mesme oublié une chose tres considerable parmy cent autres ; c'est
que le Roy se connoît parfaitement bien à tout ce qui est
à luy , soit Architecture , Tableaux , Sculpture , Curiosités
naturelles ou magnifiques , en
Jardins, & en cent autres choses : il entend parfaitement
bien tout ce qui dépend de
l'Art militaire & des Mathe-
matiques , les Campements,
les fortifications , & connoît

enfin toutes les grandes & petites chofes qui font fous fon
pouvoir & fous fa veuë. Il connoît mefme toute fa Cour parfaitement, & n'ignore rien de
ce grand Art des Rois qui rend
les Regnes également glo-
rieux, foit par la Paix, foit par
la Guerre. Et que fçavons nous
Madame, fi dans le mefme
temps qu'il femble ne fonger
qu'aux plaifirs de l'Apartement, il n'a pas l'efprit & le
cœur remplis de deffeins qui
furpaffent tout le refte ?

PARTHENIE.

Non, Menandre, non, il
n'eft pas poffible que cela foit,
le Roy a furpaffé tous fes Pre-
deceffeurs, & tous ceux des

autres Rois ; mais il ne pourra
jamais ſe ſurpaſſer luy-meſme,
& comme tout ce que nous en
pourrions dire ne pourroit l'é-
galer, preparons nous a partir
demain pour mener Philemon
à l'Apartement, afin qu'il con-
noiſſe par ſes propres yeux
qu'il eſt au deſſus de toute ex-
preſſion, & qu'on ne peut jamais le bien repreſenter.

CONVERSATION
DE LA
POLITESSE.

IL y a long-temps que j'ay envie de prier quelque honneste homme du monde (dit une Dame d'un tres-grand merite, que j'appelleray Clarinte, en adreſſant la parole à Theanor, qui eſtoit tel qu'elle le pouvoit deſirer) de me dire préciſe-ment ce que c'eſt qu'on appelle politeſſe, ce qui la cauſe, & pourquoy elle ſe trouve plutôt à la Cour qu'ailleurs ; car tous les hommes naiſſent par tout également, avec les qualitez de l'eſprit & du corps propres à l'avoir : & comme il y a des Maiſtres qui enſeignent toutes les Langues, toutes les Scien-ces & tous les Arts, je vou-drois en trouver quelqu'un qui me l'enſeignât. Ce qui m'en re-double l'envie, ajoûta-t-elle, c'eſt que je connois plſieurs Da-mes qui ne parlent que de poli-teſſe, & qui penſent avoir terni toutes les bonnes qualitez d'un honneſte homme, quand elles ont dit qu'il n'eſt pas poly, & qui croyent auſſi avoir aneanty le merite d'une belle Femme,

quand

quand elles ont dit qu'elle n'a
nulle politeße. Il eſt vray, dit
une amie de Clarinte que j'appelleray Fenice, que le mot de
politeße eſt fort en uſage, &
que bien ſouvent celles qui s'en
ſervent manquent de ce qu'elles deſirent aux autres. En effet
dit Theanor, c'eſt manquer de
politeße que d'employer ſi ſouvent un mot à la mode pour
blâmer quelqu'un, ſans ſçavoir meſme la juſte ſignifica-
tion de ce qu'on dit. Pour
moy (reprit Cleonte) je ſuis
perſuadé que la vraye politeße
eſt cette Urbanité des anciens
Romains, dont Balzac a ſi noblement parlé en écrivant à la
Femme du monde qui ſçavoit
le plus parfaitement la politeſ-

ſe ; elle l'inſpiroit meſme à tous ceux qui la voyoient, & l'on peut dire que de ſon Cabinet elle s'eſt reſpanduë dans toute la Cour , & meſme dans tout le Royaume tant qu'elle a vécu , & ce qu'on en voit parmy nous eſt venu de-là. En effet (dit Theanor) l'incomparable Artenice a eſté un modele de vertu parfaite , mais d'une vertu modeſte & charmante , qui joignant la politeſſe à la raiſon , n'a jamais fait une action de mauvaiſe grace , ny dit une parole qui ait pû ny fâcher ny déplaire. Vous me donnez une ſi grande idée de la politeſſe , reprit Clarinte , que je me confirme dans le deſir que j'ay de la bien connoître. C'eſt

pourquoy, Theanor, puis que
vous avez connu cette admirable Arenice, que je n'ay
pû connoître par moy-mesme,
& que je sçay qui a esté l'admiration de son siecle & de
son sexe jusques à la fin de sa
vie, aussi bien que son incomparable fille. Dépeignez moy
la Politesse, mais ne me la
montrez pas sous cette grande
parole d'Urbanité dont Cleonte s'est servi, l'usage ne l'a pas
assez établie pour les Dames,
& l'on ne l'employe que dans
des ouvrages d'un caractere
élevé, & non pas en une conversation naturelle: en un mot,
il la faut laisser aux Sçavans &
à la grande Eloquence, & se
contenter du mot de Politesse,

que j'entends dire cent fois par jour. J'entendis encore hier une Dame, parlant d'un homme de ſa connoiſſance , qui diſoit d'un ton deciſif ; Il écrit de bon ſens , & non pas poliment : & parlant d'une de ſes amies ; Elle a l'eſprit brillant, mais elle ne l'a pas poli : on met meſme quelques-fois ce mot là à cent choſes où il ne convient pas ; enfin, je trouve la Politeſſe par tout, excepté chez moy , où je ne la connois point. Croyez-moy, Madame, reprit Theonor, il eſt de la Politeſſe comme de la beauté ; celles qui en ont ne l'ignorent pas, & vous la connoiſſez mieux que je ne la puis connoître. Mais, dît l'aimable Fenice, ce qu'on appelle l'air du monde & l'air galant, n'est-ce pas à peu prés mesme chose que la Politesse? Non, Madame, reprit Theanor, ces airs là en sont ordinairement une suite; la Politesse est quelque chose de plus solide, de plus essentiel & de plus necessaire; car on peut manquer d'avoir l'air galant & l'air du monde, & ne manquer pourtant jamais à l'exacte bien-seance: mais si on manque de Politesse on manque souvent à plusieurs devoirs de la Societé raisonnable; & pour bien connoistre toutes les vertus & toutes les bonnes qualitez, il faut, ce me semble, regarder ce qui leur est opposé. Par exemple, pour bien eſtimer la liberalité, il faut conſiderer la laideur & la baſſeſſe de l'avarice, & ſelon cette regle, Madame, vous verrez que le défaut oppoſé à la Politeſſe eſt la groſſiereté, qui fait tout de mauvaiſe grace, & qui deſoblige meſme quelquesfois dans le temps meſme que ceux qui en ont penſent obliger. En un mot, la veritable politeſſe eſt proprement ſçavoir vivre, & ſçavoir toûjours parler à propos: c'eſt ſoumettre judicieuſement ſa raiſon au bel uſage du monde, en quelques occaſions où il ne ſeroient pas toûjours d'accord; c'eſt ne faire jamais ny rudeſſe ny incivilité à perſonne, c'eſt ne dire point aux autres ce que vous ne voudriez pas qu'on vous dît, c'eſt ne vouloir pas être le Tiran de la converſation en parlant toûjours ſans vouloir laiſſer parler ceux à qui vous parlez, c'eſt n'avoir jamais un certain air audacieux, ny de ſilence mépriſant, ny de ces familiaritez ridicules devant les Dames, dont nous voyons tous les jours tant d'exemples ; mais à ce que je voy, dit Clarinte en ſoûriant, il faut ſçavoir la morale pour bien ſçavoir la politeſſe. Je ne dis pas cela preciſément, reprit Theanor, mais j'avance hardiment que la politeſſe rend la pratique de toutes les vertus plus agreables. Un bon con-

feil donné à un Ami qui en a befoin, doit être affaifonné de toute la circonfpection qui le peut
faire recevoir fans dégoût. Il
ne faut jamais parler des deffauts d'autruy devant des gens
qui en ont d'aprochans : il ne
faut pas mefme loüer groffie-
rement en face ceux qu'on en
croit dignes , & les forcer de
rougir de leurs propres loüanges , & c'eft une des chofes du
monde où la politeffe eft la
plus neceffaire. Il eft vray , dit
agreablement Fenice , qu'il y
a bien des gens dont les loüanges embarraffent & ne plaifent
pas , & il y a une certaine delicateffe à loüer qui redouble
le prix des loüanges. J'ay un
Amy de qualité , ajoûta-t-elle,

qui ſans faire le bel eſprit fait
fort agreablement des Vers,
qu'il montre ſans façon à ſes
Amis, mais dont il ne ſe pare
pas en public, qui fut hier fort
embarraſſé, car dés qu'il fût aſ-
ſis auprés d'une Dame qu'à peine connoiſſoit-il, elle luy adreſ-
ſa la parole & ſe mit à loüer deux
couplets de Chanſon qu'il a-
voit faits, & luy demanda s'il
n'en avoit pas fait d'autres depuis peu. Je devine cette Dame, dit Clarinte; comme elle
fait le bel-eſprit, elle croit que
tout le monde luy reſſemble,
mais elle ne ſçait pas vivre.
Vous voyez donc bien, reprit
Theanor, que la politeſſe qui
s'oppoſe à cela eſt une bonne
qualité effective & neceſſaire,

où l'esprit , le jugement , & l'usage du monde contribuent beaucoup à la donner. Mais la politesse, reprit Clarinte, est elle égale par tout ? non pas toûjours, Madame , repliqua Theanor, car l'usage qui est le Tiran en tous lieux pour les choses indifferentes , la varie un peu selon les Païs ; car par exemple la politesse a étably par toute l'Europe la mode des mouchoirs dans la poche, & une partie du Levant regarde cela comme un manque de bien-seance , & de propreté, mais ces sortes d'exemples sont rares , & par tout le bon sens & l'usage reglent la politesse. Il faut sans doute demeurer d'accord que celle du Regne de Charlemagne étoit differente de celle de Henry troiſiéme, & que celle de noſtre temps en eſt auſſi fort éloignée, mais elle ne varie que pour certaines manieres qui changent comme les habits, & auſquelles il ſe faut accommoder auſſi bien qu'au langage ; mais pour la politeſſe des mœurs, elle eſt de tous les Païs, & de tous les Siecles ! Ah, Theanor, s'écria Fenice, vous me ſurprenez étrangement avec voſtre politeſſe de mœurs : de grace, ajoûta Clarinte, expliquez nous cette eſpece de politeſſe, quoyque je la comprenne un peu mieux que Fenice ; elle eſt ce me ſemble aſſez aiſée à entendre, repliqua

Theanor, car un homme qui
aura de la politeſſe ne ſe fera
jamais des divertiſſemens de
déreglement & de deſordre,
qui reſſemblent fort aux vices
s'ils ne ſont vices eux meſmes,
& n'imitera pas ceux qui pour
ſe délivrer de la juſte contrainte, s'abandonnent au libertinage. J'en demeure d'accord,
dit Cleonte, & je le com-
prends par moy - meſme, a-
yant toûjours évité d'avoir
nulle liaiſon avec ces jeunes
emportez, qui ſe mocquant
de la politeſſe, ſe font meſme un plaiſir de ne s'y aſſujettir pas. Ce que vous dites
eſt vray, repliqua Clarinte:
Mais, ajoûta-t-elle en ſouriant,
vous vous en faites un autre

qu'il ſeroit peut-eſtre bon de
moderer un peu ; car vous dites preſque toûjours voſtre avis
de tout ſans vous contraindre,
& je doute que la vraye politeſſe le permette. Mais puiſque je le dis ſans fâcher perſonne, Madame, reprit Cleonte, dequoy me blâmez vous.
Je vous blâme, reprit-elle, de
donner un exemple qui ſera
tres-mal ſuivy, & je prevoy
que ceux qui voudront vous
imiter ſeront inſupportables.
Car enfin il eſt plus difficile
qu'on ne penſe de faire la
guerre à ſes Amis ſans leur déplaire, & ſans bleſſer cette politeſſe dont Theanor parle ſi
bien. Il eſt vray dit, Fenice,
que pour l'ordinaire on va un

peu plus loin qu'il ne faudroit.
En effet , ajoûta Theanor, ce
n'est pas assez de dire ce que la
vraye raison permet , il faut
encore bien connoistre ceux à
qui l'on parle librement avant
que de leur parler ainsi ; car
pour l'ordinaire ceux qui ayment le mieux à faire la guerre aux autres, sont ceux qui ne
veulent pas qu'on la leur fasse ;
de sorte qu'il faut bien choisir
les paroles dont on se sert,
puisque bien souvent un mot
un peu trop fort , fait d'une
raillerie douce une raillerie aigre, & blesse l'exacte politesse.
Il faut mesme quelques-fois,
ajoûta Clarinte, quelque chose de moins qu'un mot pour
faire ce changement , car le

son de la voix seulement change le sens d'un discours ; un
sous ris malicieux fait une sati-
re d'une simple raillerie, & il
n'y a rien enfin où il faille plus
de jugement & de politesse
qu'à faire la guerre à quelqu'un,
& je n'ay guere connu de gens
qui ayent bien sceu faire cette
innocente guerre qui rend la
conversation plus divertissan-
te, & qui finit toûjours par
la joye, quand ceux qui la font
ont de l'Esprit, & de cette politesse qui est le preservatif de
la fine raillerie. Je sçavois bien
Madame, reprit Theanor, que
la politesse estoit encore plus
de vostre connoissance que
de la mienne. Mais, reprit Fenice en adressant la parole à

Theanor, comme je ne la ſçay
pas auſſi-bien que Clarinte, dites-moy un peu ſi certains braves de profeſſion ont quelque
privilege particulier pour s'af-
franchir de l'exacte bien ſcean-
ce, car j'en connois un qui eſt,
s'il faut ainſi dire , toûjours à
la guerre, car lors qu'il entre
en une compagnie , il a une
démarche trop guerriere & ſon
action a quelque choſe de trop
fier : En un mot il a plus l'air
d'un homme à donner une bataille qu'à faire une converſation avec des Dames. Ses habillemens meſme ont toûjours
quelque choſe qui ne ſent
point la paix , & le ſon de ſa
voix eſt ſi retentiſſant, qu'on a
peine à s'imagiter que les prie-
rés

res qu'il fait ne soient pas des
commandemens, & même des
commandemens militaires, tant il est vray que tout ce qu'il fait & tout ce qu'il dit, persua-
de qu'il affecte de faire le bra-
ve en toutes choses. La peinture que vous en faites, reprit
Theanor, est fort agreable; cependant si ce brave-là l'est
veritablement, & que ce soit
un de ces guerriers qui ne viennent presque jamais à la
Cour, quoy qu'il manque
de politesse d'agir toûjours en
guerrier determiné, ce seroit
en manquer en quelque sorte
de railler de luy, car la politesse ne s'acquiert que dans le
monde; on la peut trouver à
la Guerre, parmy les Chas-

seurs , à la campagne , à la solitude la plus retirée , mais on
ne l'y acquiert pas , il faut l'a-
voir acquise à la Cour , & tout
ce qu'on peut faire est de la
conserver qu'and on n'y est
plus , & la mesme raison qui
fait qu'il y a de la politesse à
excuser ceux qui en manquent
seulement , parce qu'ils n'ont
jamais esté aux lieux ou on la
peut aprendre , fait que c'est
manquer de politesse que de
railler des Etrangers , & il y a
une petite conversation sur ce
sujet-là , qui vous fera voir
quand nous la lirons ensemble , que la politesse ne permet pas qu'on blâme un Estranger de ce qu'il ne peut pas
sçavoir. J'ay toûjours esté de

ce ſentiment-là , dit Clarinte,
mais il y a je croy encore une
autre choſe à obſerver pour
l'exacte politeſſe, c'eſt de n'aller pas parler étourdiment des
Païs en preſence de ceux qui
en ſont , car comme il n'y a
point de perſonne ſi parfaite à
qui on ne trouve quelque choſe à deſirer, il n'y a point auſſi de Païs qui n'ait quelque
deffaut. En effet dit Theanor,
en un lieu le Climat eſt doux
& les Peuples ſont legers & in-
conſtants ; en un autre les Peuples ont beaucoup d'eſprit , &
ſont accuſez de peu de fidelité ; en un Païs on trouve bien
ſouvent les ſçiences & les vices ; en un autre l'innocence
& la ruſticité ; en un endroit

on ne voit que des Cabanes,
& en l'autre que des Palais. Si
bien que comme il faudroit
cent beautez pour faire une
beauté parfaite, il faudroit auſſi cent Païs pour en faire un
accomply. Il faudroit prendre
la douceur du Climat de l'un,
les Fleuves & les Mers de l'autre ; les Fleurs & les Fruits en
un lieu, choiſir meſme juſques
aux Oiſeaux & aux Papillons ;
prendre les ſciences & les
beaux Arts en un endroit, la
valeur en un autre, la probité parmy des Peuples d'eſprit
moins brillants, & l'exacte Juſtice dans le Ciel, car en verité on ne la trouve guere ſur
la terre. C'eſt pourquoy la politeſſe veut qu'on n'aille pas exa-

gerer en presence d'un Estranger les deffauts ou les vices
qu'on attribuë à sa Nation. Je
trouve cela tres-raisonnable,
dit Cleonte : pour moy, dit
Clarinte, je voudrois qu'on
peût corriger les jeunes gens
du monde de l'incivilité qu'ils
ont de ne pouvoir souffrir les
Femmes si elles ne sont belles, & j'en connois un entre
les autres qui s'est si bien mis
dans la fantaisie qu'il faut qu'-
une Femme soit belle, qu'il
ne peut presque endurer celles
qui ne le sont pas, & il ne manque guere de changer de place quand le hazard le met auprés d'une Dame sans beauté,
& hier mesme comme il se trouva dans ma Chambre lors qu'-

une Femme qui eſt ſans doute
aſſez deſagreable y vint, il ſor-
tit ſi bruſquement, que cette
Femme qui a de l'eſprit, s'ap-
perceut qu'il la fuyoit. Comme Clarinte diſoit cela Clitandre entra, & comme c'étoit
luy dont elle venoit de parler,
elle ſe mit à luy reprocher ſa
délicateſſe, & a blâmer en ſa
perſonne la plus grande partie
des jeunes gens du monde, qui
font preſque tous la meſme
choſe. En verité Madame, luy
dit-il, ayant entendu ce qu'elle venoit de dire, je ne ſortis
hier de chez vous que parce
que je voulois aller chez la belle Fenice, & je vous proteſte
que ce ne fut pas pour la rai-
raiſon que vous dites. De gra-

ce, Clitandre, reprit Fenice, ne vous excusez point sur la visite que vous me vouliez faire, car vous ne m'en fistes point. je fus donc chez un autre de mes Amies, reprit-il, nullement, repliqua cette belle personne, & une Dame que vous connoissez & moy, vous vismes promener plus de deux heures dans le Jardin que je voy des fenêtres de ma Chambre, & vous estiez avec un de vos Amis, qui est le plus laid homme du monde, & qui est sans doute plus laid que la Dame que vous fuyez n'est laide. Sans mentir, reprit Clarinte, il faut estre bien bizarre pour avoir des sentimens si irreguliers, & bien ennemy de la po-

liteſſe pour les témoigner ; car
je voudrois bien ſçavoir pourquoy vos yeux ſouffrent la laideur à un homme, & pour-
quoy ils ne l'endurent pas à
une femme : Cependant il eſt
certain qu'il n'y a pas un de ces
Galants delicats pour la beauté des Femmes, qui ne paſſe
la plus grande partie de ſa vie
avec des hommes qui ſont fort
laids, & qui n'ait meſme quelque Amy qui n'eſt pas beau,
toutesfois par une bizarrerie
injurieuſe à noſtre Sexe, dés
qu'une Femme n'eſt point belle
ils ne la peuvent endurer, ils la
fuyent comme ſi elle avoit la
peſte, & on diroit que les Femmes ne ſont au monde que
pour avoir le deſtin des couleurs;

leurs; c'eſt-à-dire pour divertir les yeux ſeulement. Il faut
pourtant avoüer, ajoûta-t'elle, que cela eſt tout-à-fait in-
juſte & tout-à-fait éloigné de
la politeſſe ; car ſi en general
vous aymez ce qui eſt beau &
haïſſez ce qui eſt laid, n'ayez
donc que de beaux Amis auſſi
bien que de belles Maiſtreſſes,
& fuyez auſſi ſoigneuſement
les Hommes qui ſont laids,
que vous fuyez les laides Femmes ; mais ſi au contraire vos
yeux peuvent s'accoûtumer à la
laideur de ceux de voſtre Sexe,
parce qu'ils ont d'ailleurs des
qualitez aymables ; accoûtu-
mez-les auſſi au peu de beauté
de quelques Dames qui peuvent avoir mille charmes dans

l'efprit, & mille beautez dans l'Ame. Veritablement, fi on vous obligeoit d'eftre Amant de toutes les Dames que vous verriez, vous auriez raifon d'ê-tre auffi delicat que vous l'eftes; mais ayant le cœur tout occu-pé de l'amour d'une des plus belles perfonnes du monde, je ne vois pas qu'il faille avoir une fi grande delicateffe que vous ne puiffiez parler un quart d'heure à une Femme fi elle n'eft belle, & que vous for-tiez mefme d'une vifite où il en arrivera quelqu'une qui fera laide. Cependant tous les jeu-nes gens ont prefque cette for-te d'injuftice, & il y en a mê-me qui font laids de la dernie-re laideur qui ne peuvent fouf-

frir celle d'une Femme ; enfin
ils veulent que les plus beaux
yeux du monde les regardent
favorablement , & ils veulent
deplus quelques fois ne regarder que de belles Femmes
avec les plus laids yeux de la
terre. J'en connois mesme un
qui se regarde aussi souvent
dans tous les miroirs qu'il rencontre , que s'il estoit le plus
beau de tous Hommes, & qui
regardant sa propre laideur
avec agrément , ne peut souffrir celle des autres avec patience. Ce que vous dites est
si agreablement pensé , reprit
Theanor , que je croy que Clitandre avec tout son esprit aura bien de la peine à vous répondre. Je vous assure , reprit

Clitandre, que j'ayme mieux avoüer que j'ay tort que d'entreprendre de me justifier. Je voudrois bien sçavoir, ajoûta Clarinte, si Cleonte à la mesme delicatesse que Clitandre ; pour Theanor je sçay qu'il a des Amies qui ne sont point belles & qui sont aymables. Pour moy, reprit Cleonte, quoy que je sois fortement touché de la beauté , je croirois faire un grand outrage aux Dames, si je la regardois comme le seul avantage de leur Sexe , aussi vous puis-je assurer que bien loin d'estre dans les sentimens de Clitandre, qui ne peut avoir d'Amie si elle n'est belle, je suis persuadé qu'il n'est mesme pas impossible d'estre amou;

reux d'une Femme qui ne l'est
point, pourveu qu'elle ne soit
pas laide ; car enfin les yeux
s'accoûtument aisément à tout,
& il peut y avoir des Femmes
qui ont des beautez si surpre-
nantes dans l'esprit, & des graces si engageantes dans l'humeur, qu'elles ne laissent pas
de plaire & d'estre fort aymables & fort aymées. Mais je ne
sçay, reprit Clarinte, en regardant Theanor si la guerre que
je viens de faire à Clitandre,
ne passe point les bornes que
la politesse prescrit. Vous a-
vez un merite si extraordinaire, repliqua Theanor, que
vous ne pouvez rien faire qui
ne soit bien, & si la politesse
estoit bannie du monde on la

retrouveroit chez vous. En effet, ajoûta Cleonte, la belle Clarinte la porte par tout, & quand elle donne quelque Colation à ſes Amies où à la Ville où à la Campagne la politeſſe y regne, & rien n'eſt ſi agreable ny mieux entendu. Comme je n'entreprends jamais, dit Clarinte, de donner de grands repas, l'ordre eſt bien aiſé à garder. Vous avez trop de raiſon & trop de politeſſe, reprit Theanor, pour faire de ces terribles Feſtins que certaines gens font quelquesfois, pour rendre en un ſeul jour tous les repas qu'on leur a donnés pendant un an ; de ces Feſtins dis-je, qui compoſent une aſſemblée de perſonnes, qui

pour la plufpart ne s'entre-con-
noiffent point, qui ne fçavent
dequoy parler, ou il y a plus
de fots que d'honneftes gens,
où l'on parle pourtant beaucoup fans rien dire, où la converfation eft plutoft un bruit
confus, qu'une veritable focie-
té, où la ceremonie regne, où
l'ennuy & le chagrin fe trouvent toûjours, où la multitude fait qu'on regrette de ne
pouvoir eftre feul, & où bien
fouvent on meurt de faim au
milieu de l'abondance, parce
que la liberté, la delicateffe,
l'ordre & la propreté ne s'y
trouvent pas. En effet on a un
certain dégouft qui fait qu'on
ne trouve rien de bon, on eft
bien fouvent vis-à-vis de gens

qui déplaifent, & l'on en a auprés de foy qui incommodent,
& de quelque cofté qu'on fe
tourne on trouve que le defor-
dre ou la ceremonie eft par-
tout, & par confequent le chagrin. La peinture que Theanor à faite d'un ennuyeux Fef-
tin eft tout-à-fait bien, reprit
Fenice, & s'il veut en repre-
fenter un qui plaife, Je croy
que la Compagnie en aura
beaucoup de plaifir. Pour moy,
dit alors Cleonte, je n'ay jamais compris que la joye des
honneftes gens deût dépendre
de la bonne chere, & que la
delicateffe du gouft fût neceffaire à la felicité d'un homme
raifonnable ; au contraire je
croy que ceux qui ont cette in-

clination ſont ordinairement
ennemis de toute bien-ſeance,
& de toute vertu, & qu'il y a
peu de vices qui ne ſoient de
leur connoiſſance. Quand Fenice entend parler d'un Feſtin
agreable, reprit Cleonte, elle
n'entend pas parler de ces
Feſtins déreglez, où les Dames
raiſonnables ne ſe trouvent
point, d'où la bien-ſeance eſt
bannie, où le libertinage prend
la place de la liberté, où la joye
reſſemble à la fureur, où l'on
fait gloire de perdre la raiſon,
où le deſordre fait le plus grand
plaiſir qu'on y trouve, où l'on
parle bien ſouvent ſans ſuitte
& ſans eſprit, où ceux qui parlent ne ſont point écoutez, où
ceux qui écoutent n'entendent

rien de ce qu'on leur dit, où l'on chante tantôt bien, tantôt mal, où l'on se mocque de la vertu & des bonnes mœurs, & où l'insolence passe pour une chose agreable ; car à n'en mentir pas, je mets les hommes qui passent toute leur vie dans les Festins de cette nature beaucoup au dessous des bêtes, & Clitandre qui s'y trouve quelques fois en conviendra. Vous avez sans doute raison, repliqua Clitandre, & je ne m'y veux plus trouver, car ces sortes de repas tiennent plus de la Feste des Bachanales, que de la veritable joye. Mais, ajoûta Theanor, ce que je trouve tout-à-fait agreable, est de se trouver cinq ou six

Amis & Amies enſemble ſans
affaire, ſans chagrin, & qui regardant la bonne chere comme un lien qui les approche &
qui les unit, comme une choſe qui donne une honneſte liberté, & qui contribuë à la
joye, y trouvent en effet tout
le plaiſir qu'ils y cherchent. La
converſation y eſt libre, enjoüée, & meſme plaiſante, on
dit ce qu'on veut & ce qu'on
penſe, on donne autant de joye
qu'on en reçoit, l'eſprit y bril-
le plus qu'ailleurs, quoy qu'il
n'ait pas tant de deſſein d'y pa-
roiſtre, on ſe ſouvient de ſes
Amis abſens, on y parle même des choſes galantes, on
premedite de nouveaux plaiſirs, en faiſant le deſſein d'un

autre repas , & entremeslant
quelquesfois la Feste de Chansons agreables , de Musique,
& d'un peu de conversation,
on peut dire que le corps &
l'esprit sont contens, & qu'il
ne reste rien à desirer que le
renouvellement du même plaisir. Mais pour faire que ce plaisir soit parfait , il faut que l'a-
mitié des conviez leur donne
plus de joye d'estre ensemble,
que la delicatesse des Officiers
de celuy qui traitte ses Amis
ne leur en peut donner. Ce
n'est pas que je blasme ceux
qui ont le goust exquis , au
contraire c'est un avantage de
la Nature aussi-bien que d'a-
voir la veuë bonne, mais il n'en
faut pas faire sa principale vo-

lupté; il ne faut pas non plus
qu'un agreable Repas reſſemble à un Feſtin, il y faut de
l'ordre, du choix, de la propreté, une honneſte abondance,
rien de trop ſuperflu, de la
joye & de la liberté. Ce que
vous dites me plaiſt tout-à fait,
reprit Fenice, & je vois bien
que la politeſſe ſe trouve à tout,
& que c'eſt en manquer que
de prier pluſieurs perſonnes à
manger qui ne conviennent
point les unes aux autres, &
qu'il eſt auſſi à propos d'aſſor-
tir bien les gens qu'on prie,
que les couleurs en habillemens. Cela eſt fort joliment
penſé, dit Clarinte, mais je ſuis
perſuadée que la politeſſe eſt
encore plus neceſſaire à la con-

verſation qu'à toute autre choſe. Elle en doit ſans doute ê-
tre inſeparable , dit Theanor;
mais comme il y a une converſation dans un Livre qui fut de-
dié à Madame la Dauphine,
peu de temps aprés qu'elle fût
en France , qui en donne des
regles aſſez juſtes, je ne m'y
étends pas davantage. Mais le
chef-d'œuvre de la politeſſe,
eſt de n'inſulter jamais à ceux
qui en manquent, & de ſe contenter de les inſtruire par l'e-
xemple qu'on leur donne, ſans
rien davantage ; ſi ce n'eſt reprit Clitandre, en riant, qu'on
ait des amis tels que moy qui
ont beſoin d'une correction un
peu plus forte. Adjoûtez s'il
vous plaît, dit Clarinte , & qui

ſont aſſez raiſonnables pour
vouloir bien ſe corriger. Il me
ſemble, dit Cleonte, qu'il y a
une façon de parler qu'on peut
dire qu'on doit à la politeſſe,
c'eſt lors qu'on veut loüer une
perſonne d'eſtre ſage, diſcret-
te & conſiderée, on dit quelquesfois elle a beaucoup d'eſgards pour ſes devoirs, pour ſes
Amis, & pour tous ceux avec
qui elle eſt obligée de vivre.
Cette façon de parler, dit Clarinte, m'a autre-fois fait de
la peine, mais elle ne m'en
fait plus, & l'on peut dire en
effet que la ſcience des eſgards
qu'on doit avoir, appartient à
la politeſſe & en eſt en quelque ſorte la ſource. Ce que vous
dites, Madame, reprit Cléon-

te , eſt fort bien dit , & comme c'eſt proprement cette ſcience des eſgards , qui cauſe l'exactitude qui doit eſtre inſeparable de la politeſſe , j'avance hardiment qu'un homme poli ne peut jamais manquer d'eſtre exact , & c'eſt cela principalement que j'appelle une politeſſe de mœurs. Ah ! Theanor , s'écria Clitandre , il coûte tant a eſtre toûjours exact, que je ne ſcache rien de plus penible : toutes les autres choſes ont des bornes , mais l'exactitude n'en a point , elle ſe meſle par tout , & il n'y a preſque rien où elle ne ſe puiſſe trouver. Quand l'exactitude eſt exceſſive , repliqua Clarinte , je vous avoüe qu'elle a quelque choſe

choſe d'incommode, & ſi vous
y prenez garde les exacts de profeſſion ont l'air contraint, leurs
complimens ſentent la ceremonie, leur amitié eſt ſi delicate, que la moindre choſe la
bleſſe, & l'on n'a jamais fait
avec eux. Quand on a de la
raiſon, reprit Theanor, on
ne prend jamais rien avec
excez, & l'on ſe fait une certaine habitude d'eſtre exact, qui
bien loin de donner de la peine donne du plaiſir; car je ſoutiens que ceux qui ſont exacts
de la maniere dont les honneſtes gens doivent l'eſtre, ne
peuvent s'empeſcher de l'eſtre
toûjours. Mais ils le ſont ſans
embarras, ſans contrainte, ſans
ceremonie, ils le ſont parce

qu'ils sçavent que l'exactitude
fait une partie de la politesse,
qu'elle est necessaire à la societé, & que sans elle on n'ose
se promettre rien de personne.
Car lors que je dis un secret à
un de mes Amis qui me promet de ne le dire point, si je
connois qu'il n'est pas exact, je
suis toûjours en crainte, cependant pour estre tout-à-fait raisonnable en amitié, il faut non
seulement ne dire pas ce que
l'on vous prie de ne dire point,
mais il faut mesme quelques-
fois celer des choses qu'on ne
vous prie pas de cacher ; parce
que la generosité veut qu'on
ait d'une certaine discre-
tion charitable, même pour
ceux qui ne sont pas assez sa-

ges pour estre tout-à-fait discrets dans leurs propres inte-
rests. Car enfin il n'est jamais
beau de perdre une occasion
de se témoigner à soy-mesme,
qu'on a plus de prudence, plus
de bonté, plus d'exactitude, &
plus de vertu qu'un autre : au
contraire il faut se faire un plaisir secret d'agir mieux que les
autres n'agissent, & trouver de
la gloire de supléer à la raison
d'autruy par la sienne, & à n'ê-
tre pas de ces gens qui disent
bien plus souvent ce qu'ils ne
devroient mesme jamais penser, que ce qui seroit à propos
de dire. J'avoüe, dit Clitandre, que ceux qui n'ont nulle
exactitude sont quelques fois
incommodes aux autres, car je

connois un homme qui, manque d'en avoir, fait les choses du monde les plus bizarres. En effet je me souviens qu'un jour il me pria de disner chez-luy, mais comme on le pria une heure aprés de manger ailleurs il ne fit point de difficulté d'y aller sans mesme m'envoyer avertir. Pour moy, dit Fenice, je ne pardonneray jamais à un de mes Amis qui m'avoit promis une Corbeille pleine de Fleurs d'Orange & qui ne me l'envoya point, & je me souviendray toute ma vie d'un autre qui envoya sçavoir deux fois si je garderois la Chambre pour me venir voir sans y venir. Ses messages furent faits avec tant d'empressement, que

m'imaginant qu'il avoit à me
parler de l'affaire d'une de mes
Amies , dont il sçavoit quelque chose ; je rompis une partie que j'avois faite , & je luy
manday que je l'attendois. En
effet je l'attendis inutilement
avec un ennuy estrange. Car
comme c'estoit un de ces
beaux jours que tout le monde se promene , il ne vint personne me voir , & je fus toute
l'apresdinée toute entiere à
tourner la teste quand on ou-
vroit la porte de ma Chambre
pensant toûjours que c'estoit
celuy que j'attendois,& ce qu'il
y eut de rare, fut que je sçeus
le soir que cet Amy évaporé
avoit esté à la promenade avec
des Dames qui l'avoient ren-

contré comme il venoit me
chercher. Jugez donc, dit
Theanor, fi le peu d'exactitude qui vous a fafchée dans des
chofes peu confiderables ne
vous fafcheroit pas dans des
occafions plus importantes, &
fi ce n'eft pas manquer de politeffe ; cependant il eft certain que quand on fe fait une
habitude de n'eftre point exact
dans les petites chofes, il eft
fort aifé de ne l'eftre pas dans
les grandes, & par confequent
de s'expofer à déplaire fouvent
à fes Amis, c'eft pourquoy le
plus feur eft d'avoir de l'exactitude. En verité dit Clitandre,
je croy quelques-fois que toutes chofes font fi douteufes,
qu'il n'y a point de party qu'on

ne puiſſe ſoûtenir , & ſi j'avois
à eſtablir une Secte, je voudrois,
excepté aux choſes de la Religion , qu'il fût permis de douter de tout. En effet il n'y a
preſque rien d'aſſuré, on ignore
bien ſouvent ce qu'on croit
ſçavoir, on ſçait ce qu'on penſe ignorer. Il y a des nations
entieres qui ont des opinions
qui paſſent pour erreurs parmy
d'autres , & comme tous les
hommes ont un temperam-
ment qui leur eſt particulier,
chaque Royaume , chaque
Païs, chaque Ville à ſes mœurs,
ſes coûtumes , ſes inclinations,
& meſme ſes ſentimens, tant il
eſt vray que l'opinion ſe varie
ſelon les Climats & les Peuples. La pluſpart du temps nous

croyons ce que nos Peres ont
crû fans aprofondir la raifon
qui nous fait croire, & il n'y
a que les efprits qui regardent
les chofes dans leur origine, qui
cherchent à faire un jufte difcernement de leurs opinions,
& qui en cherchant connoiffent qu'il eft prefque impoffible de le bien faire. Car enfin
noftre raifon n'aift obfedée des
fentimens d'autruy, & ne peut
fans violence fe déveloper de
tout ce qui l'embarraffe. Cette grande diverfité de mœurs,
de coûtumes & de bien-feance, dit Theanor, qui ne regardent point la Religion ne
doit pas embarraffer un honnefte homme, & il s'en faut
tenir à ce que dit un fage Ca-
pitaine

pitaine Perſan à un des plus
grands hommes d'entre les
Grecs, banni de ſon Païs, *Themiſ-
tocles.*
qui avoit peine à ſe ſoumettre aux Loix d'un Eſtat Monarchique : Il faut conſiderer (luy diſoit-il) que comme les ſages Medecins va-
rient leurs remedes dans
une meſme eſpece de mala-
die, ſelon les Climats, les
temperaments & les divers
âges ; ceux qui font les Loix
font la meſme choſe, ſelon les
Peuples qu'ils ont à gouver-
ner ; mais quoique ce qui eſt
honneſte en un Païs ſoit quelques fois déshonneſte en un
autre, il eſt toûjours conſtamment honneſte par tout d'obſerver les Loix des lieux où

l'on se trouve : c'est pourquoy
bien que vous autres Grecs fas-
siez profession de liberté dans
vos Republiques, & nous autres
Persans de servitude envers nôtre Roy, il faut pourtant, ajoûta-t-il, si tu le veux salüer, que
tu te soûmettes comme nous,
ou que tu ne te presentes pas
devant luy. Cela est bon, dit
Clitandre, pour des bien seances
ces de ceremonie, comme ê-
toit la maniere de salüer des
Rois de Perse, mais ce que je
veux dire est qu'on se trompe
souvent dans les choses où l'on
croit le moins estre trompé,
& que le plus seur seroit, comme je l'ay déja dit, de douter
presque de tout, & pour prouver ce que je dis, n'est-il pas

vray qu'un certain Philoſophe,
que je n'oſe nommer devant
des Dames, quoyque nous ſo-
yons en un temps ou beau-
coup de belles s'amuſent à ſçavoir la nouvelle Philoſophie,
n'eſt-il pas vray, dis-je, qu'a-
vant ce Philoſophe, dont le
nom eſtoit auſſi à la mode en
ce temps-là, qu'eſt celuy du
fameux Deſcartes en celuy-cy,
on avoit toûjours crû que l'é-
toille du ſoir & l'étoille du ma-
tin eſtoient deux étoilles, &
cependant ce ſçavant Homme
nous à fait connoiſtre que la
meſme étoille que nous voyons ſi brillante à l'entrée de
la nuit, eſt celle que nous voyons ſi belle au point du jour.
Tous les hommes juſques alors

l'avoient regardée de cette ſorte, on luy avoit donné deux noms qu'elle porte encore, & nous voyons pourtant clairement que tous les hommes s'étoient trompez. Ce que vous dites eſt vray, reprit Theanor, mais ce meſme homme qui a ſceu connoiſtre une verité qui avoit eſté ignorée avant luy enſeignoit un menſonge ridicule par ſa pretenduë Metempſicoſe. C'eſt ce qui fait, repliqua Clitandre, que j'ay raiſon de dire que le mieux eſt de douter preſque de tout, puiſque les plus grands hommes ſe peuvent tromper en quelque choſe. Pour moy, dit Theanor, je ne puis concevoir que cét excellent homme ait

positivement crû ce que ses
Disciples ont enseigné, car sa
Morale est si belle, qu'il est
mal-aisé de penser que sa Doc-
trine puisse avoir esté aussi fol-
le ; car il est certain que Pita-
gore, que je nomme plus hardiment que vous, a esté un des
plus sages hommes du mon-
de. Mais encore, repliqua Fenice, qu'a-t-il enseigné de si
beau. Mille choses, Madame,
reprit Theanor, & pour vous
en dire quelques unes, il a
commandé à ses Disciples de
loüer les Dieux, & de ne leur
demander jamais rien en particulier, soûtenant qu'il n'y a
point d'homme qui sache pre-
cisément ce qui luy est propre,
qu'il y a bien plus de respect à

se soumettre aveuglément à
l'Ordre du Ciel, que de vouloir changer les Arrefts du def-
tin felon fon caprice. Ce que
vous dites a fans doute quelque chofe de fort beau, repliqua Clarinte, car je croy en effet que tous les hommes ne
fçavent pas ce qui leur convient; & ce qui fait le defor-
dre du monde, la divifion &
les Guerres, c'eft qu'en general tous les hommes defirent
le bien & ne le connoiffent
pas. Mais pour vous faire mieux
connoiftre l'excellent homme
dont je parle, dit Théanor, il
avoit donné mille beaux preceptes de l'amitié Heroïque,
& c'eft pour cela qu'il avoit é-
tably la Communauté entre fes

Diſciples , car il diſoit hardiment qu'il ne devoit point y
avoir d'intereſt ſeparé entre les
vrays Amis , que dés qu'il y
en avoit ce n'eſtoit plus amitié , mais ſimple ſocieté ; & l'on
peut aſſurer que jamais nul autre avant luy n'avoit ſi bien
connu tous les devoirs de la
veritable amitié , & par conſequent l'exacte politeſſe , qui ne
permet pas qu'on la puiſſe jamais bleſſer. Mais ce qui me le
fait encore plus aymer , c'eſt
qu'il eſtoit ennemy declaré du
menſongeque je haïs plus qu'on
ne peut s'imaginer , & qu'il
eſtoit fort exact à dire la verité. Le menſonge eſt ſans doute une mauvaiſe choſe , dit
Clitandre , mais à n'en mentir

pas il eſt aſſez difficile de s'en
paſſer abſolument , & ſi l'on
y vouloit bien prendre garde,
on verroit que ceux meſme qui
le haïſſent le plus s'en ſervent
quelquesfois malgré qu'ils en
ayent : du moins ſçay-je bien
que je m'en ſuis ſervy en quelques occaſions, & que je m'en
ſerviray encore pluſieurs fois
en ma vie ; ce n'eſt pas que
j'ayme à mentir , mais il y a de
certains petits accommode-
mens fort neceſſaires ; la politeſſe meſme veut quelquesfois
que pour faire un recît agreable devant des Dames, on ſup-
prime quelques petites circon-
ſtances qui les bleſſeroient.
Cela eſt admirable , dit Clarinte , de vouloir faire ſervir le

menfonge à la politeffe ; mais
pour l'exactitude je voy bien
qu'elle y eft neceffaire. En effet, dit Fenice en riant , ceux
qui m'empruntent des Livres
fans les rendre, m'importunent,
ceux qui me promettent de
m'écrire toutes les nouvelles
quand je vay à la Campagne,
& qui me laiffent revenir fans
m'avoir écrit, me déplaifent, &
je voy bien prefentement que
la politeffe eft bleffée par l'irregularité. Mais il ne faut pas
oublier, Theanor, que Clarinte vous a demandé d'où vient
que malgré l'égalité qui eft entre tous les hommes à leur naiffance, la politeffe parfaite ne
fe trouve que tres rarement
ailleurs qu'à la Cour ; car le bon

sens., l'esprit, le sçavoir est de tout Païs : la civilité mesme est loüée par tout. D'où vient donc cette inégalité ? Elle vient, repliqua Theanor, de ce que le bel usage du monde ne se trouve qu'au monde mesme, & que cet usage se change en s'éloignant de sa source comme le Langage. Toute la France parle François, cependant à mesure qu'on s'éloigne de la Cour il se change imperceptiblement, & quand on arrive à deux cens lieuës de Paris, on trouve des jargons differens parmi le peuple, & du moins un accent étranger parmi les gens de qualité, qui n'ont point quitté leur pays, & souvent quelques façons de parler. Il en eſt de meſme de l'uſage qui fait la politeſſe ; il varie, & ne peut eſtre veritablement bon qu'à la Cour, ſi ce n'eſt en la perſonne de ceux qui y vont quelques fois ; car enfin il faut un premier modele en toutes choſes/ A la Cour, à Paris, & à toutes les Provinces proches, les Dames ne conduiſent jamais les hommes ; nous voyons pourtant qu'il y a des Provinces éloignées, où cét uſage mal entendu dure encore ; Cependant une Dame de bon ſens doit s'y aſſujettir tant qu'il durera ; mais ce ſeroit aux hommes de ces pays-là, qui viennent quelquefois dans le monde, à ne ſoufrir plus qu'on les conduiſiſt,

& à connoiſtre que cét uſage
bleſſe la politeſſe, que les hommes doivent toûjours reſpecter
les Dames, & non pas s'en laiſſer conduire. Il y a encore une
choſe, dit Clarinte, que je
voudrois bien ſçavoir : C'eſt ſi
la politeſſe ſe trouve également
en une Monarchie & en une
Republique. Elle ſe peut trouver par tout, Madame, reprit
Theanor : Il eſt pourtant vray
que cette urbanité des anciens
Romains, que vous ne permet-
tez pas d'appeller ainſi, ne ſe
trouva pas ſous les Roys de Rome; ce fut pendant la Republique. J'en conviens, dit
Cleonte; mais ce fut principalement ſous quelques Empe-
reurs qui reünïſſoient en leurs

perſonnes la principale authorité. Il eſt vray, reprit Theanor, que la ſource de la politeſſe étant le deſir de plaire par
quelque motif que ce puiſſe
être, ſoit d'ambition ou d'a-
mour ; ce deſir doit être plus
vif dans un Eſtat Monarchique
que dans une Republique, parce que les graces dépendant
d'un ſeul, le deſir de luy plaire
rend capable de plaire à tous.
Le Prince attirant & raſſem-
blant dans ſa Cour ce grand
nombre de gens de qualité qui
l'environnent, on peut dire
qu'ils ſe ſervent les uns les autres, pour acquerir la politeſſe.
Ceux qui naiſſent à la Cour, ont
l'avantage de l'avoir veuë en
naiſſant. Ceux qui y viennent

s'y conforment , & deviennent
ce que les autres font , fur tout
quand le Prince luy-mefme
a de la politeffe , & qu'il y a
dans une Cour des Dames
qui fçavent fe faire rendre le
refpect qu'on leur doit ; qui
fçavent , dis-je , loüer ceux qui
en ont , & diftinguer la veritable Politeffe , & la pratiquer
elles-mefmes. Cét avantage ,
ajoûta Cleonte , ne fe trouve
pas également dans les Republiques modernes , où la converfation des Dames n'eft pas
fi libre qu'en France : On les
voit , elles voyent ; mais on ne
leur parle guere : Les Feftes
publiques , les Opera , les Bals ,
les Mufiques , font prefque
tout le commerce d'un fexe à

l'autre, & c'eſt ce qui m'oblige de croire que l'exacte politeſſe doit ſe trouver plus facilement & plus generalement
dans la Cour d'un grand Roy,
que dans une Republique. Il
n'en eſt pas de meſme de pluſieurs autres qualitez, car comme tout le monde peut à ſon
tour parvenir au Gouverne-
ment, on peut dire que generalement parlant, l'étude de la
Politique y eſt plus univerſelle,
& que dans les anciennes Ré-
publiques Grecques & Romai-
nes l'eloquence a eſté plus parfaite que dans les Monarchies.
Mais dans les Republiques modernes les peres élevent leurs
enfans dans cét eſprit de politique, qui n'eſt pas toûjours

celuy de la politeſſe : Et comme je ſuis perſuadé qu'il eſt de
cette ſcience comme de la Me-
decine , où la mediocrité ne
vaut rien , il eſt trés-bon que
dans une Monarchie le Prince
ſonge principalement à êtablir
les bonnes mœurs & la politeſſe parmi ſes ſujets , & qu'il
ſoit dans ſon Eſtat ce qu'eſt le
Pilote dans un Vaiſſeau, ſur lequel tout l'équipage ſe repoſe
& dort en ſeureté, ſans ſe meſ-
ler d'obſerver les étoilles, ny
de tenir le gouvernail. Les
cabales qui font les diviſions
dans les Republiques , occupent trop l'eſprit pour penſer
à la politeſſe , & le deſir de
plaire à tous, ou du moins à un
grand nombre , fait qu'on ne
plaiſt

plaist quelquefois à personne.
Cette regle n'est pourtant pas
sans exception , & il se peut
trouver des gens en toute sorte de pays , & en toutes sortes d'Estats , qui auront une
naissance si heureuse, qu'ils se-
ront polis naturellement ; mais
cela est assurément fort rare.
L'amour des Sciences & des
beaux Arts , quand le Prince
les favorise , sert beaucoup à
établir la politesse : L'amour
mesme en échauffant le cœur,
sert à la faire regner dans le
monde , pourvû que la vertu
la regle ; car sans cela elle la
bannit. Les livres bien faits
la portent en quelque façon
dans les Provinces les plus é-
loignées ; & si on imprimoit

tout ce que nous avons dit au.
jourd'huy, on ne feroit plus
excufable de manquer de politeffe en nulle part. Pourveu,
dit Clarinte, qu'on n'y mît pas
mon veritable nom, j'y con-
fentirois. C'eft à moy à craindre qu'on n'y mette le mien,
dit Clitandre, aprés la guerre
qu'on m'a faite. En mon particulier, dit Fenice, j'ay fi peu
parlé, que je n'en tirerois ny
grand honneur, ny grande
honte ; mais comme Cleonte
écrit fort bien, je ferois affez
d'avis que nous l'engageaffions
à écrire cette converfation pour
nous-mefmes, à condition qu'il
parlera de luy comme de nous,
& qu'il fera en cette occafion
l'Hofte é l'Hofteria. Cleonte

s'en voulut défendre ; mais Clarinte s'étant jointe à Fenice, il
ceda & écrivit dés le lendemain
tout ce qui s'eſtoit dit parmi
ces perſonnes choiſies , dont
la politeſſe ne pouvoit eſtre
ſurpaſſée par qui que ce ſoit.

CONVERSATION
DE
L'ABSENCE.

MAIS est-il impossible, dit Clidamire à Persandre, que l'absence soit un si grand remede contre l'amour, & que vous soyez absolument délivré de cette passion qu'on m'a dit qui vous a autresfois fort tourmenté. Je ne sçay, Madame, reprit-il, si l'aveu sincere que je vous fe-

ray me nuira ou me fervira
dans voftre efprit ; Mais je vous
avoüeray ingenument que l'abfence m'a gueri de plufieurs
paffions au lieu d'une ; car
quand je m'embarquay il y a
cinq ans j'avois de l'amour, de
la jaloufie, de la haine, & de
l'ambition, & avec l'aide de
l'abfence, du temps, & d'un
peu de raifon, je fuis arrivé dépuis huit jours entierement délivré de ces quatre paffions qui
m'ont fi cruellement tirannifé.
Mais fi l'abfence, reprit Clidamire, vous a ofté toutes vos
paffions, peut-elle vous avoir
laiffé de l'amitié pour vos Amis?
n'en doutez nullement, Madame, repliqua t-il, l'abfence
ne fait que fufpendre tous les

devoirs de l'amitié, & ne la détruit pas dans un Cœur raisonnable. Croyez moy Persandre, reprit Cesonie, une absence qui chasse l'amour, la jalousie, la haine & l'ambition doit vous avoir rendu du moins l'amitié moins sensible. Au contraire, repliqua Persandre, cette absence qui a apaisé toutes mes passions, en dissipant toutes les erreurs qui troubloient ma raison, m'a fait voir que l'amour ordinaire, dont les fondemens sont frivoles, est une foiblesse qui doit estre passagere; que la jalousie qu'elle cause est une fureur qui aveugle, que la haine qui la suit n'est pas mieux fondée que l'amour qui la fait naistre, &

que l'ambition exceſſive dans une fortune mediocre, eſt une eſpece de Labirinte dont on ne peut preſque jamais ſortir heureuſement, & dont il ne reſte autre choſe que le repentir d'y eſtre entré. Voilà, Madame, pourſuivit Perſandre, ce que l'abſence & mes voyages m'ont valu ; J'ay eſtudié le monde, & je me ſuis eſtudié moy meſme. J'ay vû toute l'Europe, une partie de l'Aſie, & de l'Affrique ; J'ay trouué par tout des gens accablez des meſmes paſſions que j'ay ſurmontées ; je me ſuis vû en autruy comme on ſe voit dans un miroir, & beaucoup mieux que je ne me voyois en moy meſme. Je me ſuis blaſmé, je

me suis corrigé, & apres avoir
connu que rien n'est solide que
l'amitié, je me suis degagé de
tout, & je reviens resolu de
ne vivre que pour mes Amis
& pour moy; mais je n'ay pû
estre de l'advis d'un Philoso-
phe, qui a dit qu'on ne peut
vivre avec les femmes ny sans
les femmes. Je croy sans doute difficile, ajoûta t-il en sous-
riant, d'estre long-temps parfaitement heureux, ny avec sa
Femme ny avec sa Maistresse,
mais on le peut toûjours estre
avec des Amies raisonnables,
dont la vertu fait la seule liai-
son. J'ay apris en arrivant icy
que la personne que j'aymois
n'estoit plus belle, par une ma-
ladie qui détruit presque toûjours

jours la beauté, & qu'elle avoit
renoncé au monde ; que mon
Rival l'avoit quittée par cette raison toute seule , & qu'il
aymoit une autre personne ; de
sorte que trouvant les fondemens de mon amour , de ma
jalousie & de ma haine dé-
truits , je ne dois pas craindre
que ces trois passions renais-
sent dans mon cœur ; & pour
l'ambition je m'en suis guery
par les inquietudes qu'elle donne , par l'assiduité qu'elle
demande , & par l'incertitu-
de d'y reüssir. Je n'ay pas é-
té si heureux que vous , reprit Theramene , car l'absence a toûjours redoublé ma passion quand j'en ay eu. Elle a
mesme souvent fait naistre la

jalousie par la crainte que mes
Rivaux ne profitassent de mon
absence, je les ay plus appre-
hendez & plus haïs de loin que
de prés, & l'absence de la
Cour quand j'ay esté contraint
de m'en éloigner pour long-
temps m'a donné mille in-
quietudes, car j'ay connu par
cent experiences en autruy,
que l'absence est aussi mortel-
le en ambition qu'en amour.
Comme j'ay plus vécu que
vous, reprit Lisias, j'ay aussi
plus d'experience des passions
dont vous parlez, & je décide
hardiment qu'une longue absence du monde, fait qu'on est
estranger aux lieux dont on est
parti, & le changement d'une
Cour est quelquesfois aussi

grand, soit en bien, soit en mal,
que celuy de la Maistresse de
Persandre. Mais, dit Cesonie,
toute une grande Cour ne se
renouvelle pas pour quelques
années d'absence, il vient
quelque nouvelle volée de jeunes gens qui ne deplacent pas
tous les autres. J'en conviens,
dit Lisias, ce sont les mesmes
gens qu'on a quittés, mais ce
n'est plus le mesme air & le
mesme tour, & l'absent ne peut
mesme quelques fois s'accommoder de ce changement, &
il arrive assez souvent qu'il s'o-
piniastre à garder ses manieres, quoy qu'en ces occasions
il faille s'abandonner au tor-
rent de l'usage si on veut re-
trouver sa place. Mais un ab-

fent d'ambition , reprit Clidamire, qui n'eft abfent que par
des emplois qui luy donnent
lieu de rendre de grands fer-
vices , ne fe détruit pas par l'abfence. J'en demeure d'accord,
dit Lifias , parce que les fervi-
ces prefents tiennent lieu de la
prefence de celuy qui les rend
au Prince qu'il fert. Un General d'Armée qui gagne une
bataille ou qui prend une Ville pour fon Roy , n'eft pas re-
puté abfent, la gloire le repre-
te à fon Maiftre. Mais je parle
d'un Courtifan qui afpire à la
fortune , & je foutiens qu'il
faut qu'il ait encor plus d'affi-
duité & plus de foins diffe-
rents qu'un Amant , & que
l'abfence de la Cour luy eft

plus nuisible. Je le comprends
ainsi, dit Persandre, & c'est
pour cela que je ne m'y veux
pas r'engager. Cela m'est d'autant plus aisé, poursuivit-il,
que je n'ay jamais esté favori-
sé ny de ma Maistresse ny de
la Fortune. Je ne m'estonne
plus tant que l'absence vous
ait guery de l'amour, dit Theramene, car quand on n'est
point aymé on doit guerir,
même sans le secours de l'absence, mais lors qu'on est assez heureux pour avoir touché
le cœur d'une personne qu'on
adore, & qui a autant de merite & de vertu que de beauté, je soutiens qu'il faut l'aimer avec la certitude d'une absence éternelle, Je vous assure,

reprit Cesonie, qu'une absence éternelle est une espece de
mort en amour, qui me semble assez propre à la détruire.
Cette sorte d'absence, dit Clidamire, ne peut pas aisément
arriver, & on se flatte toûjours de quelque esperance tant
qu'on est vivant. il peut pourtant se rencontrer quelques
fois, reprit Theramene, que
deux personnes qui s'ayme-
ront auront lieu de croire qu'elles ne se reverront jamais : cependant il me semble que si
un homme a le cœur veritablement touché, qu'il soit aymé comme il ayme, que ce
soit le seul caprice de la fortune qui separe pour toûjours ces
deux personnes, sans qu'elles

y contribüent rien ny l'une ny
l'autre ; si elles se separent avec
tendresse sans avoir rien à se
reprocher , je suis persuadé ,
dis-je , que leur affection sub-
sistera malgré cette absence
éternelle. |La violente douleur
de leur separation diminuera,
n'estant pas possible de vivre
long-temps avec un égal chagrin , mais la passion ne passe-
ra pas.|Elle deviendra pourtant
moins sensible , dit Clidamire.
J'en conviens , repliqua Theramene, mais toûjours sera-t-el-
le assez forte pour empêcher
qu'une autre passion ne la de-
truise, & pour faire qu'on n'ayme rien que ce qu'on a aymé,
quoy que l'esperance ne la soû-
tienne plus , & il me semble

que je serois capable de cette
espece de fidelité, qui n'est assurément pas commune ; car
on voit assez souvent de mediocres absences qui détruisent
de grandes passions. Il y a même des gens , reprit Clidamire en sous-riant , qui dans les
mesmes lieux où sont les personnes qu'ils ayment, & quelquesfois mesme en leur presence , ont des absences de
cœur pires que les autres. Pour
ceux dont vous parlez, dit Cesonie , il les faut punir en les
meprisant. Mais n'avons nous
pas veu de nos jours à la gloire de nostre Sexe, ajoûta-t-elle , une personne de grande
qualité & de grande vertu, porter l'amour au de-là des bor-

nes de la vie de celuy qu'elle
avoit aymé, & paſſer le reſte
de ſes jours à arroſer de ſes
larmes le Tombeau de ſon
mary ? Cela me paroiſt plus
beau & plus extraordinaire,
que de conſerver ſon cœur à
une perſonne vivante ! Ah,
Madame, reprit Liſias, la veuë
du Tombeau de la perſonne
qu'on a perduë & qu'on a aymée, eſt une eſpece de preſence qui empeſche les larmes de
tarir, & qui entretenant la douleur, entretient la tendreſſe
dans un cœur bien fait : On trouve meſme de la gloire à s'affliger
de cette ſorte, ceux qui veulent
vous conſoler vous loüent, je
ſuis meſme perſuadé qu'il y a
quelque douceur à s'atriſter, &

que le temps peut faire verser de douces larmes, il n'en est pas de mesme d'une absence éternelle sans nul commerce, ou rien de ce qui vous environne ne sert à entretenir la tendresse. Je conviens pourtant que le temps peu à peu fera que la passion du cœur ne sera plus qu'en l'esprit, que de l'esprit mesme elle se retranchera à la simple memoire, & que ce ne sera plus qu'un souvenir tranquille, plein d'estime, sans veritable passion. Mais encore, dit Clidamire, en adressant la parole à Persandre, en guerissant de vostre amour, avez vous crû que vostre passion estoit mal-fondée ? je vous assure Madame, repondit-il, que

l'amour a une puiſſance magi-
que, car ſi vous voulez que
je vous parle ſincerement,
quand j'aymois je croyois ma
Maiſtreſſe la plus belle perſonne du monde, & je ne m'étois
jamais aperceu de deux deffauts de ſa beauté, mais ayant
veu ſon portrait depuis mon
retour chez une de mes Amies,
j'ay remarqué qu'elle ne devoit la beauté de ſes cheveux
qu'à la poudre dont elle ſe ſer-
voit, & qu'elle a je ne ſçay
quoy dans les yeux qui n'eſt
pas tout-à-fait droit, quoy
qu'elle les ait fort doux & fort
brillants; mais ce qu'il y a de
plus eſtrange, c'eſt que quand
je devins jaloux, mon Rival me
parut un homme tres redouta-

ble, car la jaloufie agrandit ou
diminuë les bonnes ou mau-
vaifes qualitez d'un Rival, &
en ce temps là il plut à mon
humeur jaloufe de me faire paroiftre le mien fous la forme
qui me le pouvoir plus faire
craindre ; & à mon retour j'ay
trouvé que ce Rival qui m'é-
toit alors fi redoutable, eft un
homme qui n'eft ny bien ny
mal fait , qui n'a ny un grand
ny un petit efprit , qui ne parle ny admirablement bien ny
exceffivement mal, qui ne s'é-
loigne pas du bon fens , mais
qui ne s'éleve pas auffi jufques
à entendre les chofes finement,
qui n'a point de vice confide-
rable , & qui n'a point auffi de
vertu qui le diftingue , & s'il

n'a point fait de lâcheté, il n'a
aussi donné nulle marque extraordinaire d'un grand courage ; enfin je voy presentement
que c'est un de ces hommes
qui ne disent jamais rien qui
n'ait esté dit, à qui il ne faut
donner ny blâme ny loüange,
qui passent toute leur vie sans
qu'on parle d'eux par eux mê-
mes, & qu'on fait quelques-
fois mieux connoistre en disant
c'est le fils d'un tel ou d'une
telle, qu'en disant simplement
leur nom. Ah ! Persandre, s'é-
cria Clidamire, je connois plusieurs hommes à qui ce portrait ressemble admirablement.
Mais je pensois, dit Cesonie,
que comme l'amour embellit
une Maistresse aux yeux d'un

Amant, la jalousie enlaidissoit
toûjours un Rival à son imagination. Cela arrive tantôt d'u-
ne façon & tantôt d'une autre,
reprit Lisias , car quand on
croit qu'un Rival est aymé, la
jalousie alors diminuë toutes
ses bonnes qualitez , & luy en
fait paroître de mauvaises qu'il
n'a pas ; mais quand elle ne
fait que faire craindre que le
Rival ne soit preferé, c'est alors
qu'on le croit plus redoutable
& plus aymable qu'il n'est.
C'est l'état ou j'estois , reprit
Persandre, & cette double illu-
sion qui me faisoit voir ma
Maistresse plus belle qu'elle
n'estoit , & mon Rival plus accomply qu'il n'est , m'a fait des
maux que je ne puis exprimer,

& s'il falloit necessairement
que je redevinse ou amoureux
ou ambitieux , je pense aprés
y avoir bien songé , que je me
resoudrois plutost , s'il pouvoit
estre à mon choix , de redevenir ambitieux , que de redevenir amant. Vous ne songez pas
bien à ce que vous dites , reprit Lisias , car l'amour est une
passion passagere & un suplice
de quelques années qui passe
d'ordinaire avec la jeunesse, &
qui est mesme accompagné
tant qu'il dure de quelques
plaisirs , mais l'ambition ne
meurt qu'avec l'ambitieux ; il
faut qu'il en couste la vie pour
la perdre , & la fortune quand
elle est contraire à un ambitieux , est une Maîtresse mille

fois plus capricieufe & plus cruelle que la plus rigoureufe beauté ne le peut eftre. Quelques fois mefme comme les Coquettes , elle fait efperer mille faveurs fans en accorder aucune ; en d'autres occafions comme une belle vertueufe & fevere , elle ne vous regarde pas, quelques foins que vous aportiez pour en être regardé ; il arrive auffi que comme quelques Maiftreffes inegales, elle accorde quelques graces, mais c'eft pour les ofter auffitoft , & pour en rendre la privation plus rude que la joüiffance n'en a efte douce ; & comme elle eft aveugle , elle choifit pour l'ordinaire auffi mal que beaucoup de Dames,

&

le pauvre ambitieux quelle
mal-traitte, enrage de voir paffer devant luy cent Rivaux
qu'elle choifit à fon prejudice.
Et comme elle a beaucoup
plus de faveurs à faire efperer
qu'une belle Dame qui n'a que
fon cœur à donner, l'efperance qui meurt d'un cofté renaît
d'un autre ; de forte que l'ambitieux paffe toute fa vie entre
l'efperance & la crainte ; il porte envie à tous ceux qui font
plus heureux que luy, & fans
mefme ofer fe plaindre de fon
malheur de peur de nuire à fon
ambition, il fouffre, il diffi-
mule, il fe taift ; pendant qu'un
Amant malheureux, ajoûta Lifias en riant, parle de fon mal-
heur en profe, en vers & en

chanſons , & qu'il s'en plaint
aux Rochers pluroſt que de ne
s'en plaindre pas. Vous faites
auſſi bien la peinture d'un ambitieux infortuné , reprit Clidamire , que Perſandre a fait
celle du mediocre merite de
ſon Rival. Mais je pourrois
peut-eſtre rencherir encore,
reprit Perſandre , car pendant
cette abſence, qui m'a guery,
je paſſay en un Païs ou je
trouvay un illuſtre ambitieux
exilé , d'un merite fort diſtingué , qui dans ſon mal-heur
n'étoit pas fâché qu'on le viſi-
taſt , & comme j'eſtois un jour
avec luy , un des plus ſages
hommes du monde le vint
voir , & comme il le trouva
plus mélancolique qu'à l'ordi-

naire, de grace luy dit-il, ne
vous affligez point avec excez
du changement de vostre fortune, il ne faut que vouloir
bien estre malheureux pour ne
l'estre plus, soûmettez vostre
volonté à celle du Ciel, &
vous ne serez plus à plaindre;
veritablement, si vous estiez
exilé pour avoir trahi vostre
patrie & vôtre Maître, je vous
conseillerois d'estre affligé toute vostre vie, mais puisque
vous estes innocent, vous ga-
gnez plus que vous n'avez perdu en perdant vostre fortune.
Vostre malheur donnera de la
pitié, au lieu que vostre faveur
donnoit de l'envie, & si vous
estes sage, vous vous console-
rez avec vous mesme de la per-

te d'un bon-heur, qui dépendant toûjours d'autruy, n'étoit pas veritablement à vous; croyez-moy Licandre, ajoûta-t-il, il y a bien de la foiblesse à s'estimer heureux du credit qu'on a auprés des grands, & il y a bien de l'injustice de se trouver malheureux quand on est si bien avec soy-mesme, qu'on n'a rien à se reprocher. [La solitude a ses douceurs aussi-bien que la Cour, & bien que la paix & l'innocence ne fassent pas grand bruit, ces paisibles plaisirs valent incomparablement mieux que ceux que l'on partage avec un nombre infini de gens à qui on ne voudroit point ressembler. Je sçay bien

que vous avez le cœur grand
& noble, mais il y a quelques-
fois autant d'honneur à mépriser la gloire qu'à la chercher.
Tout le monde sçait que vous
sçavez vaincre les autres, mais
on ne sçait pas encore si vous
sçavez vous vaincre vous même. On sçait bien aussi que
vous avez eu de la moderation
dans la bonne fortune, mais
on peut douter si vous pourrez souffrir la mauvaise avec
constance. C'est pourquoy
faites un grand effort pour
aprendre à vos ennemis que
vous ne meritez pas voltre
disgrace, & que malgré leur
envie & leur malice, vous pouvez vous faire des plaisirs qu'ils
ne sçauroient troubler. Car

enfin toute la puiſſance de ceux qui vous exilent, & toute la malignité de vos envieux, ne ſçauroient vous empeſcher d'avoir de la raiſon & de la vertu, ils n'empeſcheront pas meſme, tant qu'ils ne feront que vous exiler à la Campagne, ajoûta-t-il en ſoûriant, que nos Jardins ne vous donnent des fleurs & des fruits, que nos ruiſſeaux ne murmurent agreablement, que nos Oyſeaux ne chantent, & que vous ne joüiſſiez en repos de toutes les innocentes delices de la ſolitude. C'eſt pourquoy, Licandre, puis qu'ils ne vous oſtent point ce qui ſuffit à contenter un homme ſage, ne vous plaignez pas de ce qu'ils vous oſtent un grand nombre de choses qui ne peuvent jamais contenter un ambitieux. Mais comptez-vous pour rien, reprit Licandre, de perdre le pouvoir de faire du bien à mille personnes à qui je deviens inutile. Je compte sans doute pour beaucoup, reprit-il, cette inclination bien-faisante, qui vous a fait bien user de vostre faveur; mais c'est plus à ceux qui vous perdent, qu'à vous, à s'affliger de vostre disgrace. Car enfin la veritable sagesse consiste à s'abandonner entierement à la conduite du Ciel, & d'agir avec une égale vertu en quelque estat que nous nous trouvions. Tant que vous avez esté Favory du Prince, vous estiez obli-

gé de proteger les malheureux,
d'eſtre liberal, & de rendre juſtice à la vertu, mais aujour-
d'huy que vous n'avez plus de
credit, vous eſtes diſpenſé d'u-
ne partie de ces choſes-là, &
vous n'avez qu'à eſtre conſtant
pour eſtre couvert de gloire:
Soyez-le donc, ſi vous m'en
croyez ; car on ſouffre moins,
quand on ſe reſout à ſouffrir,
que quand on fait effort pour
ſe délivrer d'un mal qu'il faut
neceſſairement endurer. Ah
Perſandre, dit Clidamire, je
vois bien que ce n'eſt pas l'abſence toute ſeule, qui vous a
guery de l'ambition. Je vous
ay dit dés le commencement,
Madame, repliqua Perſandre,
que l'abſence & un peu de raiſon

fon m'avoient mis en liberté, & à parler fincerement, l'abfence eft plus propre à affoiblir l'amour que l'ambition, & je ne nie pas que les entretiens de cét illuftre malheureux & de fon fage amy ne m'ayent beaucoup aydé. Ce que vous avez raporté, dit Lifias, eft d'un fens fort jufte. Mais, ajoûta Cefonie, ne pourroit on pas dire que ce qui fait bien fouvent l'ingratitude, eft une efpecé d'abfence des biens faits receus, qui s'éloignant du fouvenir de ceux qui les reçoivent, s'effacent de leur cœur ? car il n'y a guere de gens qui dans le temps qu'ils reçoivent un bon office, & qui efperent d'en recevoir d'autres témoi-

gnent de l'ingratitude ; mais
les plus grands ſervices du
monde rendus autresfois n'é-
tant plus preſents cedent au
temps , & un veritable ingrat
ſent d'avantage un petit ſervi-
ce preſent que le plus grand ſer-
vice paſſé ; & l'on peut dire ce
me ſemble qu'il faut qu'un ſer-
vice ſoit toûjours preſent à l'eſprit de celuy qui l'a receu, pour
faire que ſon cœur y ſoit également ſenſible. De ſorte que
je ne croy pas avoir tout-à-fait
tort de dire que cette eſpece
d'abſence fait ſouvent naiſtre
l'ingratitude. Bien loin d'a-
voir tort, Madame, repliqua
Theramene, vous avez raiſon,
& c'eſt dans ce ſentiment-là
qu'un des plus excellens hom-

mes d'entre les anciens Romains difoit que quand on fait des prefens il eft fort à propos fi on veut que ceux à qui on les fait s'en fouviennent & les reconnoiffent, de ne donner rien qui s'ufe promptement, & de donner plutoft des chofes durables, comme des Bagues & des Portraits, afin que la prefence de la liberalité foit un prefervatif contre l'ingratitude. Je fuis plus heureufe que je ne penfois, dit Cefonie, car je craignois que ma penfée ne fût un peu bizarre; mais pourfuivit-elle, il me paroift que la prefence eft bonne à tout, & que les fçavants mefme qui fe meflent d'écrire, ont befoin pour entretenir la reputation qu'ils ont acquiſe dans le monde, d'y paroître de temps en temps par leurs écrits , autrement leur reputation diminue. Mais, reprit Liſias , les beaux Livres ſont toûjours preſens , Madame , & je pourrois vous en nommer pluſieurs , qui depuis plus de douze Siecles n'ont pû eſtre ſurpaſſez. Quand je parle comme je fais , reprit Clidamire , j'entends parler des Autheurs vivans qui n'écrivent que des choſes agreables & divertiſſantes , & non pas de certaines ſciences ſolides qu'on dit qui paſſent de Siecle en Siecle ſans rien perdre de ce qui les fait eſtimer. Je vous aſſure , reprit Theramene en riant, que la longue abſence de ce grand

Philoſophe, que les Carteſiens
diſent que leur illuſtre Maiſtre
a détruit, a contribué quelque choſe à eſtablir ſa nouvelle Philoſophie, & que ſes Sec-
tateurs ont bien ſceu profiter
de cette abſence. Mais de grace, dit Ceſonie, en parlant à
Liſias, pour en revenir ou nous
en eſtions, dites moy ſi le deſir d'eſtre riche paſſe pour ambition. Nullement, dit Liſias,
& la richeſſe n'eſt dans l'eſprit
d'un veritable ambitieux qu'un
moyen dont l'ambition ſe ſert
pour le faire parvenir à ce qu'il
deſire. Ce n'eſt pas qu'un ambitieux ſans vertu, ne ſoit capable auſſi-bien qu'un avare de
ſe ſervir d'injuſtes voyes pour
eſtre riche, afin d'avancer ſes

desseins , & comme il y a des
Amants qui ne payent point
leurs debtes , qui ne recom-
pensent point leurs Domestiques , & qui font cent choses
contre la probité pour donner
souvent de magnifiques Festes
à leurs Maistresses ; il y a aussi
des ambitieux , qui sans estre
avares , arrachent le bien d'autruy pour le répandre en faveur de leur ambition. L'a-
mour pour l'ordinaire fait plutost des prodigues que des avares , mais l'ambition se varie
en tant de sortes selon les cœurs
qu'elle possede , qu'elle fait
tour à tour tout ce que la pro-
digalité & l'avarice peuvent
inspirer de plus injuste. Un
honneste homme ambitieux

cherche à fatisfaire fon ambition par la voye du merite &
des belles actions ; un autre
qui ne l'eft pas, employe la
baffeffe rampante, l'artifice &
la diffimulation pour la contenter ; un ambitieux d'un bien
mediocre, qui craint que l'abfence ne luy nuife à la Cour,
laiffe fa femme & fa famille
cachez au fond d'une Province fans fubfiftance, & renver-
fe toutes fes affaires pour une
efperance chimerique , &
quand tout luy reüffit mal, &
qu'il eft forcé de renoncer à
l'ambition, il paffe le refte de
fes jours à fe plaindre d'autruy
& de luy - mefme ; c'eft pourquoy, Perfandre, gardez-vous
bien de redevenir ambitieux,

non plus qu'Amant, & joüiſ-
ſez en repos de la tranquilité
que l'abſence vous a acquiſe.
Pour moy, dit Theramene, je
prends un tiers party entre
Perſandre & Liſias ; car la vie
ſans avoir jamais eu ny amour
ny ambition, n'eſt pas veritablement vie. Il faut durant
quelques années avoir connu
l'amour honneſte, & connoître toûjours l'ambition raiſon-
nable. | Mais peut-on regler les
paſſions, dit Clidamire. N'en
doutez nullement, Madame,
reprit Theramene, la raiſon &
la vertu les reglent dans un
cœur bien fait, & l'abſence
éternelle de ces deux paſſions
dans le monde (ſi l'on peut
parler ainſi) n'y laiſſeroit ny

plaiſir ny gloire. L'amour ſans
déreglement adoucit les mœurs
les plus ſauvages , & la noble
ambition éleve le cœur aux
plus grandes actions , elle convient à tous les hommes chacun ſelon ſa condition. Je penſois , reprit Ceſonie , qu'elle
n'étoit ny pour les gens trop
élevez, ny pour les perſonnes
trop baſſes , car que peut pretendre un pauvre miſerable ? Il
peut du moins montrer , reprit Theramene, qu'il ne merite pas de l'eſtre, & cette ambition toute moderée qu'elle
vous paroiſt eſt extrémement
loüable. Mais un Roy qui ne
peut eſtre plus qu'il eſt , reprit
Clidamire , qui eſt grand par
ſa naiſſance, grand par toutes

les qualitez qui l'en rendent digne, grand par son esprit, par
sa vertu, par son courage heroïque, par ses Conquestes,
par son équité, & en un mot
par tout ce qui est en luy, &
par tout ce qui l'environne,
qu'elle ambition luy donne-
rez-vous, & à quoy peut-il as-
pirer ? A la plus penible de
toutes les ambitions, Madame, repliqua Theramene,
c'est-à-dire en un mot d'estre
toûjours le mesme, & de ne se
démentir jamais ; & cela Madame est peut-estre plus rare
& plus difficile que de parvenir à ce faiste de grandeur &
de prosperité que vous croyez
qui ne peut croistre. En effet
ajoûta-t'il, on voit pour l'ordi-

naire que les plus grands Princes s'endorment sur leur propre grandeur , & sur leur propre gloire ; le passé & le present semblent leur répondre de
l'advenir , cependant la chose
n'est pas ainsi , il faut se souvenir que les plus beaux Astres
sont sujets à s'éclipser , que
c'est peut-estre pour en avertir
les Heros que le Soleil & la
Lune ont des taches , afin qu'ils
songent à ne ternir jamais la
gloire qu'ils ont acquise ; car
en la conservant ils l'augmen-
tent , & il me paroist moins
difficile aux honnestes gens ordinaires d'aller toûjours en
augmentant, qu'à un Roy d'un
merite achevé , d'une vertu
parfaite & d'une gloire ac-

complie, de ne déchoir jamais de cét état glorieux qui
le met en veuë de toute la terre. Cela est assurément fort
grand & fort rare, reprit Persandre. J'espere pourtant, adjoûta Lisias, que nostre Siecle aura cét avantage, & que
Loüis quatorziéme (dont
vous avez fait la peinture,
sans le nommer) passera toute son illustre vie, sans avoir
affoibly la gloire dont il est
environné, & qu'il apporte-
ra autant de soin à la conserver, qu'il en a apporté à
l'acquerir. Toute la Com-
pagnie convint de ce que
Lisias disoit, & il luy fit encore remarquer, que dépuis
que le Roy Regne on ne l'a

jamais veu absent de luy même , qui est une loüange
qu'on peut donner rarement
aux plus grands Princes ; ajoû-
tez encore, dit Theramene, que
si on cherchoit dans l'Histoire , on trouveroit que les
plus grands hommes de l'antiquité n'ont pas eu le même avantage , qu'ils se sont
oubliez mille fois en leur vie,
& que nostre Roy, soit dans
les perils de la Guerre, dans
les plaisirs de la Paix, dans
la douleur , dans la joye ,
dans les accidens impreveus,
dans les affaires les plus difficiles , n'a jamais oublié ce
qu'il doit à sa propre Gloire ; & cette attention qu'il a
sur tout ce qu'il fait, est ce

qui a ſans doute obligé Liſias
de dire qu'il n'a jamais eſté
abſent de luy-meſme. Ce qui
eſt ſelon moy la plus grande
gloire du monde.

CONVERSATION
DE LA
DOUCEUR.

Vouez la ve-rité, dit Celie à Climene, vous preferez la foli-tude de ma Mai-fon avec la Compagnie que vous y avez amenée, à la fou-le des plaifirs dont vous avez efté accablée durant trois jours à la magnifique Nopce ou vous vous eftes trouvée ; & je

m'assure mesme que Cleonte
& Damon sont persuadez de
ce que je dis. Il est vray, répondit Climene, qu'une trop
longue Feste est un long ennuy pour moy, & que l'agre.
ment & la propreté de vostre
Maison ; les beautez naturelles de vostre Jardin, les belles allées qui l'accompagnent,
& la liberté que vous me donnez de dire tout ce que je pense, est un grand charme pour
mon humeur ; sur tout avec
des personnes qu'on estime
beaucoup, & avec lesquelles
on peut parler surement ; car
encore qu'on n'ait pas de
grands secrets à se dire, on ne
peut manquer d'avoir ceux
de ses propres sentimens sur
toutes

toutes les choſes dont on parle. Vous avez raiſon , reprit
Artelice , & la contrainte
continuelle eſt un ſuplice
inſupportable. Je ſuis tellement de voſtre advis , dit
Cleonte , que j'ayme ſouvent
mieux ne parler point, que de
parler devant des perſonnes
qui expliquent tout en mal ,
ou qui rediſent les choſes de
travers. Il m'eſt arrivé plus d'u-
ne fois , dit Celie , qu'on m'a
fait des affaires avec mes meilleures Amies , en leur rappor-
tant mal des choſes que j'avois
dites , & depuis peu m'étant
trouvée en une Compagnie où
l'on ſoûtenoit avec force &
avec exageration que la douceur eſtoit la qualité la plus

neceffaire aux Dames , qu'elle
redoubloit les charmes de la
beauté, & les charmes de l'efprit ; & qu'enfin la douceur
leur eftoit fi abfolument neceffaire, qu'elles ne pouvoient
eftre fort aymables , fans en
avoir éminemment ; je ne
m'oppofay pas directement à
ce fentiment-là , & je dis feulement que je ne fçavois pas
proprement ce que c'étoit que
cette douceur dont on parloit
tant , mais que j'avois une
Amie à qui une noble fierté
gagnoit plus de cœurs que la
douceur exceffive n'en pouvoit acquerir. Cela fut rappor-
té fi malignement à une Dame
de ma connoiffance qui fe pare d'une fauffe douceur; qu'el-

le crut que j'avois parlé contre elle, & m'en a voulu beaucoup de mal. Je vous assure,
dit Climene, que la dou-
ceur est plus difficile à définir
qu'on ne pense; & selon moy,
elle est si peu de chose en
elle-mesme, qu'elle ne merite pas beaucoup de loüanges toute seule. Car il y a
une grande difference entre
la bonté & la douceur, puis
qu'il y a de tres-bonnes
personnes qui ne sont pourtant pas douces; & qu'il
y en a de douces en aparen-
rence qui ne sont nullement
bonnes. En un mot, la bonté
est une vertu solide, & la douceur est seulement une qualité agreable, quand elle est sin-

cere & qu'elle ſe rencontre
avec de l'eſprit & du jugement. Pour moy, dit Damon
en ſoûriant, j'avoüe qu'en
general j'aime la douceur aux
Dames. Mais, reprit Climene,
pour ſçavoir préciſément ce
que vous aimez, il faut nous
dire auſſi préciſément quelle
eſt cette douceur en elle-mê-
me. On ſçait avec certitude,
ajoûta-t'elle, ce que c'eſt que
la bonté, la juſtice, la generoſité, la liberalité, la valeur,
la ſincerité ; mais pour cette
douceur qu'on met à tout, je
ne la connois pas bien. Pour
moy, dit Celie en riant, je
la trouve dans vos yeux,
dans voſtre eſprit, dans vos
lettres & dans voſtre entre-

tien. Vous avez ſi bien dit
ce que je penſois, ajoûta Damon, que je ſouſcrits à tout
ce que vous venez de dire.
Pour mes yeux, reprit Climene
en raillant agréablement, je
conviens, ſi mon miroir ne
me flatte point, qu'ils ne ſont
pas rudes. Mais ce n'eſt pas
de quoy il s'agit ; & je penſe
meſme que je les changerois
volontiers avec les yeux bril-
lans de la belle Artelice, qui
par leur éclat emportent tout
ce qui leur veut reſiſter. Mais
ſans parler de nous en particulier, parlons un peu de cette
douceur tant vantée : En quel
lieu eſt ſa ſource ? Eſt-ce au
cœur ? eſt-ce en l'eſprit ? eſt-ce
un effet du temperamment ou

de la raison? La peut-on aque-
rir? la peut-on perdre? Est-elle
bonne à tout? & s'en peut on
servir en tout temps? Fait-elle
les Heros & les Heroïnes? Sert-
elle au divertissement de l'esprit? Fortifie-t'elle le cœur
d'une Dame contre la flaterie
des Amans qui cherchent à la
tromper? En un mot, faites la
nous bien connoître, & ne crai-
gnez pas de parler sincerement : car encore que je sois
un peu fiere, sans estre ny rude ny incivile, je ne seray nullement fâchée que vous pre-
niez le parti de la douceur,
& l'aimable Celie, poursuivit-
elle, a précisément de celle
qui ne gâte rien, & qui ne se
montre que fort à propos. Vous

parlez fi admirablement bien,
dit Cleonte, de cette douceur
ambiguë qu'on place fouvent
mal à propos, que je me ran-
ge de voftre party, & ne fuis
pas de l'avis de Damon. Pour
moy, dit Celie, quand ce ne
feroit que pour ne le laiffer pas
tout feul foûtenir une caufe où
je veux bien prendre quelque
part, je confens de luy aider
à dire les avantages de la douceur, quand elle eft bien re-
glée & bien entenduë, & qu'on
n'abufe pas de cette expreffion
comme on fait tous les jours.
Perfonne, reprit Climene, ne
trouve mauvais qu'on dife
qu'vne femme a l'humeur douce ; car c'eft là proprement
que cette expreffion convient

pour les chofes purement fpi-
rituelles. On parle fans doute jufte, ajoûta-t'elle, quand
on dit qu'une Dame a les yeux
doux ; qu'elle a la voix douce,
foit en parlant, foit en chan-
tant. On peut mefme dire
quelque-fois en un certain fens
de douces paroles , & qu'on
peut mener une douce vie.
Mais de dire qu'une Dame à
l'efprit doux , la converfation
douce , l'ame douce , le naturel doux , & que la douceur eft
le charme le plus puiffant que
les femmes puiffent avoir, je
n'en conviens pas ; car fi la veritable bonté, qui eft une vertu
Divine, doit avoir des bornes, à
plus forte raifon la douceur qui
n'eft prefque que l'ombre de
la

la bonté , en doit elle avoir
auſſi. Mais encore , dit Damon, eſt-il bien juſte de laiſſer aux Dames quelque bonne
qualité qui leur ſoit particuliere , & qui leur convienne mieux
qu'aux hommes. Non non,
reprit promptement Climene,
toutes les vertus & toutes les
bonnes qualitez ſont indiffe-
remment aux deux ſexes ; mais
la raiſon & l'uſage les reglent,
les bornent & les varient entre
les deux : ce qui fait le courage
aux hommes , fait la generoſité aux femmes ; & ſi quelques
vertus nous ſont particulieres ,
ce ſont la pureté & la modeſtie,
& non pas cette douceur exceſſive , qui eſt ſouvent une
qualité fort dangereuſe quand

on est jeune & belle : & je
vous assure que je ne sçay quoy
de noble & de fier, sans renoncer à la politesse, est une
garde plus seure pour une jeune & belle personne, que cette douceur qui laisse tout
pretendre & tout esperer. Et
puis, poursuivit-elle, la plus-
part du temps ces personnes
qui en apparence sont si douces, ne le sont pas en effet. J'en
connois une qui a toutes les
manieres douces, les regards
fort doux, la voix languissan-
te & pleine de douceur, qui
ne contrarie personne quand
elle est en compagnie, qui passe toute sa vie à dire tout ce
qu'il vous plaira, sur toutes
choses, & qui dans sa maison

fait defefperer tout le monde : & cette fuperficie de douceur, fi on peut parler ainfi, n'eft que pour les Eftrangers & point du tout pour fa
famille. Pour moy, dit Cleonte, j'ay veu en une Ville de
Province où je fus obligé de
faire quelque fejour, une de
ces douces perfonnes qui plaifent tant à Damon, qui pen-
fa me faire mourir d'ennuy.
Elle eftoit belle, fon efprit é-
toit mediocre, & fa douceur
étoit fi exceffive que je ne
pouvois jamais me plaindre
d'elle, fi ce n'eftoit parce que
perfonne ne s'en plaignoit, &
ne s'en pouvoit plaindre ; &
cette douceur generale qu'elle
avoit pour fes Amis, pour fes

Amants, pour les Amies, &
je pense mesme pour ses Ennemis ; avoit quelque chose de
si fade, & de si ennuyeux ;
que je fus ravy de quitter un
lieu où je ne pouvois estre sans
la voir. Vous exagerez cela
d'une certaine maniere, dit
Damon, que je suis contraint
d'avoüer que je me fusse ennuyé
avec cette personne là, toute
douce qu'elle estoit, quoy
que comme je l'ay dé-jà dit,
le caractere de la douceur me
plaise infiniment aux Dames.
De grace, ajoûta Cleonte, en
regardant Damon, dites nous si
vous seriez plus content de trouver souvent une de ces fieres
méprisantes qui n'estiment
rien, qui se croyent au dessus de

tout, qui ne veulent jamais ce que l'on veut, qui contrarient tout le monde, & qui ne sçavent nul gré de tout ce que l'on fait pour elles. Pour moy, repliqua Climene, je suis persuadée que la douceur & la fierté sont deux qualitez bonnes ou mauvaises selon l'usage qu'on en fait, & l'on peut dire qu'elles sont en quelque sorte indefinies en elles mesmes: mais generalement parlant les personnes fieres ont plus d'esprit, & plus de courage que les douces, quoy que je convienne qu'il y a de l'exception à tout. Mais aprés tout, dit Celie, le mot de fierté tout seul n'est jamais pris en bien, il faut le déterminer par un

autre , & dire une noble fierté
ou quelque chose de semblable , au lieu que le mot de
douceur ne se peut prendre en
mal. Je vous assure, reprit Climene , que quand j'entens dire pour toute chose , qu'une
femme est belle & bien douce , je n'en ay pas une grande
idée , & je me la figure tout au
plus une belle niaise qui se laissera conter de sottes douceurs
au premier venu ; ne prenez-
vous pas garde , ajoûta-t'elle,
que ces diseurs éternels de choses douces sont décriez dans le
monde raisonnable , & qu'appeller un homme doucereux
est une injure. Vous avez raison , dit Celie ; mais aprés tout
la douceur a pourtant quelque

chose de bon & d'agreable en
mille rencontres. J'en conviens, reprit Climene, mais elle ne fait tout au plus que re-
lever les bonnes qualitez qui
l'accompagnent. En effet la
douceur à une personne d'efprit, donne de l'agrément ;
mais s'il n'y a du merite d'ailleurs, cette douceur pretenduë est fade ; elle sert mesme
souvent à la fourbe, au dégui-
sement & à l'artifice. Il n'en
est pas ainsi de la fierté, c'est
une qualité naturelle que personne ne s'avise de contrefai-
re, elle se montre telle qu'elle
est, & ne déguise rien, &
pourveu qu'on sçache vivre
l'esprit la retient & la polit ;
mais pour la douceur mal-en-

tenduë, on ne sçait que faire ny
pour la retenir ny pour la regler.
En effet si on y prend garde
de prés on trouvera qu'elle est
plus au corps qu'en l'esprit ; ce
sont des regards languissants,
une parole traisnante, une action lente , & des manieres é-
tudiées , où le cœur & l'ame
n'ont point de part ; on diroit
mesme que la paresse & la douceur ont de la simpathie l'une
avec l'autre ; enfin j'ayme
mieux une bonne personne vive, qu'une douce & languis-
sante, & je m'accomode mieux
encore d'un esprit brillant qui
divertit , que d'un esprit doux
comme Damon les veut, qui
ennuye ceux qui ne sont pas
de son goust. De grace , Ma-

dame, reprit Damon en riant, ne me faites pas dire plus que je ne veux, car je ne veux rien qui ennuye ; j'avoüe que je n'ayme pas qu'une Dame ait l'air d'un homme de Guerre. Je le veux aussi peu que vous, reprit Climene, l'air libre & naturel ne laisse pas d'avoir de la modestie, & une douceur de bon sens sans affectation, qui convient à une Dame. Aprés tout, reprit Celie, je croy que Climene conviendra que ce n'est que la fausse douceur affec- tée qu'elle condamne, qui est effectivement fort condamna- ble. Ce n'est pas seulement la fausse & l'affectée que je blâme, reprit-elle, c'est l'excessive & l'ennuyeuse, qui est ordinaire-

ment suivie de peu d'esprit,
& de beaucoup de foiblesse.
Mais croyez vous qu'une é-
tourdie, reprit Celie, ait beaucoup plus de fermeté qu'une
de ces douces dont on parle?
ne vous y trompez pas, reprit
Climene, on peut estre douce
& étourdie tout ensemble;
mais souvent la douceur d'une
étourdie est une facilité tres-
dangereuse. Ce qu'il y a de
certain, dit Artelice, c'est
qu'on confond la douceur &
la bonté, comme Climene
l'a fort bien remarqué d'abord,
quoy que ce soient deux choses
fort distinctes. Mais exami-
nons donc la bonté, dit Cleonte, & voyons si on peut estre
douce sans estre bonne, ou si

l'on peut eftre bonne fans ê-
tre douce. Il ne faut pas douter, reprit Climene, que la
feinte douceur ne ferve fouvent à la diffimulation, à l'artifice, & à l'hipocrifie. J'en
conviens, dit Celie, mais non
pas la veritable qui ne peut
que tres rarement être feparée
de la bonté, quoy que je convienne qu'il y a quelques-fois
un exterieur qui dément les
fentimens du cœur, foit en
bien foit en mal, & que comme il y a des phifionomies
trompeufes, il peut y avoir
des douceurs apparentes qui
le font auffi ; mais aprés tout,
il eft auffi rare de trouver une
bonne perfonne fans douceur,
qu'une douce fans bonté, &

qu'une bonne avec de la fierté. Je ne sçay , interrompit Climene en soûriant , si j'oserois dire que la bonté excessive peut estre assez souvent un deffaut ; car comme l'excessive sagesse est une folie , l'excessive bonté peut estre une foiblesse. Pour moy , repliqua Celie , je me suis si bien trouvée d'estre bonne , que je suis resoluë de l'estre toute ma vie, & j'ayme sans doute beaucoup mieux la grande bonté sans esprit , que le grand esprit sans nulle bonté. En verité , reprit Climene , les personnes qui sont si bonnes qu'elles ne peuvent jamais estre méchantes ne divertissent guere, & à dire tout ce que je pense , je croy

que la bonté toute feule a quelque chofe de languiffant, de
fade, & d'ennuyeux, qui fait
qu'on la peut compter pour rien
dans le cœur de certaines gens;
mais pour l'efprit il n'en eft pas
de mefme, car je connois des
perfonnes tres-malicieufes qui
ne laiffent pas de me divertir,
quoy que je fois affurée qu'elle me feront quelque malice à
la premiere rencontre. Au contraire je connois une certaine
bonne perfonne dont la bonté eft exceffive, & qui feroit
fcrupule d'avoir feulement
penfé qu'elle pût ceffer d'eftre
bonne à fes propres ennemis,
qui cependant m'ennuye d'u-
ne fi eftrange forte, que les
heures me durent des Siecles

quand je suis seule avec elle,
c'est pourquoy je pense avoir
raison de dire que la bonté
avec bien de l'esprit comme
en a Celie est bonne à tout,
mais que la bonté sans esprit
n'est presque bonne à rien.
Ah! Climene, s'écria Artelice, vous allez trop loin, car
il est constamment vray que
l'esprit sans bonté n'est propre
qu'à faire du mal, & que la
bonté sans esprit a du moins
cét avantage qu'elle ne peut
jamais nuire. Mais, reprit Climene, la bonté excessive nuit
bien souvent à celles qui l'ont,
car lors qu'on n'est craint de
personne, il arrive presque toûjours qu'on vous raille & qu'on
vous pousse plus volontiers

qu'une autre. Ce que dit Climene, arrive fans doute quelque fois, reprit Celie, & il y
a une certaine malignité dans
le monde, qui fait que fi on ne
vous croit capable de rendre
mal pour mal, on ne vous rend
jamais bien pour bien; de forte qu'à me faire telle que je
voudrois, il eft certain que je
fouhaitterois d'avoir autant
d'efprit que de bonté, quand
ce ne feroit que pour me fervir à propos d'une fi precieufe
qualité, qui donne fans doute un nouveau prix à toutes les
autres, & fans laquelle toutes
les autres ne meritent pas grande loüange. Mais quand on
n'a point d'affaire à démefler
avec les gens, reprit Climene,

on a bien plus besoin de leur
esprit que de leur bonté , car
pour la conversation , la bonté
n'y sert presque de rien ; au
contraire , poursuivit-elle en
riant , on peut dire qu'elle y
nuit , car ces personnes si ex-
cessivement bonnes , ne trouvent jamais à redire à quoy
que ce soit , elles approuvent
tout , elles endurent tout , &
la conversation meurt à tous
les momens. Je ne tombe
pas d'accord de ce que vous
dites , reprit Celie , puisque
ce sont les personnes d'esprit
qui ont de la bonté , qui
la font durer. Ne s'opposent-
elles pas continuellement à
toutes celles qui raillent ou
qui

qui médifent de leurs amies
dont le nombre eft fi grand,
& ne peut on pas dire par cette raifon que ce font elles qui
font qu'il y a de la contefta-
tion dans les compagnies, &
par confequent du plaifir felon
voftre humeur ? Mais pour parler plus ferieufement, je foûtiens avec hardieffe que ce
n'eft que la bonté raifonnable
qui diftingue les hommes d'a-
vec les beftes, & que la plus
grande marque de raifon qu'on
puiffe donner, eft de pouvoir nuire, & de ne le faire pas
par vertu & par bonté. Mais
ces bonnes perfonnes fans efprit, reprit Climene, qui font
bonnes fans fçavoir pourquoy,
à quel ufage les mettez-vous ?

Mais ces personnes de grand esprit, reprit Celie, qui ne s'en servent que pour tromper tous ceux qui se fient à elles, que pour médire & que pour faire des trahisons, à quel employ les destinez-vous ? Vous me pressez un peu trop, repliqua Climene, car j'avoüe que je ne sçay pas trop bien ce que je ferois de ces méchantes personnes qui n'employent leur esprit qu'à nuire aux autres ; mais advoüez moy du moins pour me consoler que vous vous ennuyeriez fort aussi avec ces bonnes stupides, qui n'ont ny malice ny agrément. Pour vous mettre d'accord, reprit Damon, je croy qu'il faut fuïr les personnes méchantes, quelque

eſprit & quelque agrément
qu'elles puiſſent avoir , & ne
faire jamais nulle ſocieté particuliere avec elles ; & qu'il
faut excuſer les perſonnes qui
ont une grande bonté , & les
ſouffrir avec leurs deffauts
quelque peu d'eſprit qu'elles
ayent. Mais pour vous faire
une queſtion un peu plus difficile à reſoudre , ajoûta Artelice , je vous demande à toutes
deux lequel vous aymeriez
mieux , ou d'avoir un tres-
grand eſprit & une mediocre
bonté , ou une tres grande
bonté & mediocrement de l'eſprit ? Pour moy reprit Climene , je n'heſite point à choiſir,
ny moy non plus , repliqua
Celie , & je me ſuis determi-

née tout d'un coup. Mais comme cela ne m'éclaircit pas, reprit Artelice, il faut que vous difiez ce que vous avez choifi. Il me femble, repliqua Climene, qu'il vous eft aifé de deviner que Celie a pris la grande bonté & le mediocre efprit, & il vous eft aifé de comprendre, adjoûta Celie, que Climene a choifi le grand efprit & la mediocre bonté. Cependant je fuis affuré, adjoûta Damon, que s'il y avoit deux perfonnes de cette forte celle qui auroit plus de bonté que d'efprit, fe feroit plus aymer que l'autre. Je ne fçay pas fi elle fe feroit plus aymer, reprit Climene, mais je fçay bien que celle que j'ay choifie fe feroit

plus estimer. Mais qu'ay-je à
faire de cette sorte d'estime,
repliqua Celie, qui ne produit
point d'amitié ; car enfin je
pose pour fondement qu'on
ne doit souhaitter d'estre esti-
mée, que pour estre du moins
jugée digne d'estre aymée.
Mais si vous n'avez que faire
d'une estime sans amitié, repliqua Climene, que voulez-
vous que je fasse d'une espece d'amitié tiede sans estime,
car je ne croy pas qu'on puisse aymer ardemment une personne de mediocre esprit quelque bonne & quelque douce
qu'elle soit. Si on n'ayme pas
une bonne personne par estime, repliqua Celie, on l'ayme par reconnoissance. Cette

espece d'amitié, reprit Cleonte, est plus rare qu'on ne croit,
& n'est pas souvent fort tendre, car il y a bien de l'ingratitude au monde. Ce qui me
surprend, dit Damon, est que
Climene parle contre la bonté, car nous sçavons bien que
malgré son inclination pour la
fierté, elle a pourtant un des
meilleurs cœurs du monde. Il
est vray, repliqua-t'elle que je
ne suis pas méchante, & qu'à
parler sincerement je ne voudrois pas n'estre point bonne;
mais il est certain aussi qu'il y
a certaines personnes mali-
cieuses qui me divertissent,
qu'il y en a de bonnes qui
m'ennuyent, & qu'à parler en
general la bonté est presque

toûjours opprimée. Cela n'em-
pefche pourtant pas, reprit
Celie, que cette vertu ne doive eftre le fondement & la
compagne infeparable de toutes les autres, & qu'il ne faille plutoft fouhaitter de fouffrir l'injuftice que de la faire:
joint qu'à parler raifonnablement, la bonté eft une vertu
qui fied fi bien à une femme,
que je n'en fçache qu'une qui
luy foit plus neceffaire. Je tombe d'accord, reprit Climene,
qu'une méchante femme eft
un monftre; mais en verité une
malicieufe pleine d'efprit ré-
joüit fort une converfation, &
ce feroit mefme un grand dommage qu'il n'y en eût point du
tout. Puifqu'elles vous plai-

fent tant, repliqua Celie, je
fouhaitte que vous trouviez
par tout de ces femmes qui
n'excufent rien, qui condam-
nent tout, qui font joliment
un conte de leurs meilleures
Amies, qui les contrefont dés
qu'elles ne les voyent pas, qui
portent envie aux loüanges
qu'on leur donne, qui les
loüent moins que ceux qui ne
les connoiffent guere, & qui
leur font enfin plus de mal
qu'on n'en reçoit d'un fier ennemy, & moins de bien qu'on
n'en reçoit quelques fois d'un
ennemi genereux. Et pour vous
bien faire connoiftre l'injuftice de voftre opiniâtreté, ajoûta Damon, avec ce que Celie
vous a fouhaitté, je defire encore

core de tout mon cœur que
vous ayez toûjours quelque
Amie veritablement bonne,
qui vous avertisse des malices
que ces autres Amies vous feront, afin qu'aprés cela vous
deveniez équitable, & demeuriez d'accord avec Celie, que
la veritable bonté est prefera-
ble au grand esprit, quelque
éclairé qu'il puisse estre.) Et
comme la douceur, ajoûta
Damon, est presque toûjours
un effet de la veritable bonté;
comme la fierté, l'est souvent
d'un orgueüil caché qui n'ose
paroistre qu'à demy, je demeure dans mon premier sentiment, & je soutiens toûjours que la douceur est charmante aux Dames, & si je l'o-

ſe dire neceſſaire. Mais encore , dit Cleonte , faut-il donc
ſçavoir juſques à quel point une
Dame doit eſtre douce. il faut
repliqua Damon , l'eſtre comme Celie. De grace , interrompit cette aymable femme,
ne me prenez point pour modele , car en verité je ne me
connois pas aſſez bien pour juger de moy. Tout le monde
ſçait aſſez , repliqua Climene,
que voſtre propre modeſtie
vous cache à vous meſme ; cependant comme vous êtes chez
vous , ajoûta-t'elle en ſouriant,
& que vous m'avez permis de
dire tout ce que je penſe, laiſ-
ſez-moy parler je vous en con-
jure , vous en croirez aprés
tout ce qu'il vous plaira. Je

dis donc , poursuivit Climene, en adressant la parole à Damon , que je veux comme Celie qu'on ait une veritable bonté , car cela estant on sera aussi douce qu'il le faut estre : Mais ce sera une douceur qui n'étouffera pas l'esprit , qui s'accomodera avec l'agrément de l'humeur , avec la politesse qui regle tous ses discours & qui conduit toutes ses actions; on ne laissera pas d'estre vive & sensible quand il le faudra estre , de soutenir son sentiment d'un air noble , d'estre touchée des belles choses , de les distinguer, & d'en faire soy-mesme sans s'en parer. Ah ! Climene , s'écria Celie , vous mettez ma pretenduë douceur

à une eſtrange épreuve, & je
ne puis plus m'empeſcher de
vous gronder de dire tant de
menſonges flatteurs en ma preſence. Si ce ſont des menſonges, reprit Climene, vous ny
devez pas prendre de part, &
ſi ce ſont des veritez, il faut
ſouffrir qu'on vous les diſe,
pour donner à Damon un caractere de douceur ſans foi-
bleſſe, car je ne connois préciſément que vous qui en ayez
comme je la deſire; car enfin
tous ceux qui vous loüent ne
commencent point par dire que
vous eſtes douce, & la douceur
n'eſt jamais une qualité du premier rang aux femmes d'un merite extraordinaire, elle ſuit toûjours les autres. On dira donc

que Celie est belle & bien faite, qu'elle a la taille fine, les yeux beaux, le teint admirable, l'air noble & modeste, qu'elle a bonne grace à tout ce qu'elle fait, que son esprit a mille charmes, que son cœur est encore plus grand que son esprit, que son humeur est égale & charmante, qu'elle écrit bien en vers & en prose, qu'il y a de l'invention à tout ce qu'elle fait, & qu'elle est la meilleure Amie du monde. A tout cela on ne parle point de sa douceur, quoy qu'elle en ait tout ce qu'une honneste personne en doit avoir. Celie s'opposa à tout ce que Climene venoit de dire, Artelice rencherit encore sur ce que

Climene avoit dit de Celie,
Damon en convint, & Cleonte fit remarquer qu'encore que
Celie foit extremement bonne , & qu'elle ayt mefme
une veritable douceur, elle a
pourtant je ne fçay quoy de
noble , de fage , & de grand
en fes manieres , qui ne laiffe
pas paroiftre fa douceur hors
de propos, & qui fait qu'on la
refpecte autant qu'on l'ayme.
Cela eft tres-bien remarqué,
dit Climene, car j'oubliois de
dire que la douceur exceffive
ne fe fait jamais gueres refpecter ny craindre , & qu'elle attire fouvent la familiarité : cependant ce font deux fentimens qu'il eft bon que les Dames fçachent infpirer ; car

quand on ne craint pas de leur
déplaire , & qu'on les ayme
fans les refpecter, elles font ex-
pofées à recevoir fouvent du
chagrin fi elles ont les fentimens nobles ; c'eft pourquoy
il faut eviter cette exceffive
douceur , fi on veut conferver
le privilege qu'ont les Dàmes
de fe faire aymer & craindre
tout enfemble , quand elles
fçavent joüir avec jugement
des avantages que le Ciel leur
a donnez. Mais encore , dit Artelice , en adreffant la parole
à Climene ; voudrois-je bien
que vous m'enfeignaffiez l'art
d'avoir de cette douceur qui
ne gafte rien , car je ne puis
pas toûjours avoir devant les
yeux cét admirable modele

que vous nous avez donné en
la perſonne de Celie , & puis
je ne ſçay rien de ce qu'elle
ſçait , je n'écris bien ny en vers
ny en proſe , & je demande des
regles de douceur qui conviennent à toutes les Dames , &
dont je puiſſe profiter. Je me
joints à vous , reprit modeſte-
ment Celie en regardant Artelice , car comme je ne me re-
connois point du tout au portrait flatteur que Climene pre-
tend avoir fait de moy , & que
c'eſt proprement une peinture
faite à plaiſir ; je ſeray bien aiſe qu'elle nous faſſe une regle
generale de la douceur raiſonnable. Je n'en ſçay point d'autre ,
repliqua Climene , que d'avoir
du jugement , de la politeſſe , &

de sçavoir vivre, & une Dame
qui aura ces trois qualitez ne
sera jamais douce avec excez,
ny hors de propos, ny fiere
jusqu'à la rudesse & à l'incivilité. Le jugement fait distinguer les bornes de toutes les
vertus & de toutes les bonnes
qualitez, la politesse donne un
charme secret à toutes les paroles & à toutes les actions,
& cét Art de vivre si necessaire à toutes personnes enseigne
ce qu'on appelle le bel usage
du monde, auquel il se faut
accommoder autant que la
raison le veut. | Ce que Clime-
ne dit, interrompit Artelice,
est merveilleux, & comprend
tout ce qu'elle pourroit dire
en détail. J'en conviens dit

Damon , & jamais regle generale n'a esté plus juste que celle qu'elle donne en cette rencontre , n'estant pas possible
d'entrer dans les circonstances
de toutes les occasions où la
douceur doit le plus ou le
moins paroistre. Climene se
leva , & ne voulut pas souffrir
que Celie fît son portrait à son
tour , pour montrer comment
la fierté peut compatir avec
une douceur raisonnable , &
elle fut contrainte de la suivre
à la promenade avec le reste
de la compagnie , qui ne pouvoit estre plus agreable , ny
mieux choisie.

CONVERSATION
DE LA
FIERTE'

A M. de * * *

Vous voulez, Madame, que je vous rende compté d'une conversation où je me suis trouvée avec quelques unes de vos Amies, & deux de vos Amis., j'y consens, & je suis assurée que vous verrez que toutes ces personnes ont conservé leur caractere, souvenez-vous seulement pour connoistre toute la delicatesse de ce qui fut dit, qu'Oronte & Philandre ont pour l'incomparable Melisse une passion d'estime, si l'on peut parler ainsi, qu'ils n'oseroient luy avoir témoignée, à cause de cette noble fierté qui l'accompagne toûjours. Aprés cela Madame, je vous diray qu'au retour de l'Opera cette agreable Compagnie ayant passé la soirée avec moy, nous parlâmes d'une Dame qui a assurément beaucoup de beauté, mais elle est accompagnée d'un orgueüil qui la rend quelques fois si incivile & si méprisante, qu'on diroit qu'elle ne regar-

de jamais rien avec plaifir que
fon propre miroir. Il n'y eut
pas deux fentimens fur cela, &
tout le monde convint que
l'incivilité & l'orgueüil eftoient
deux grands deffauts ; mais
comme je voulus loüer une
autre Dame qui eft fort civile & fort douce, & qui l'eft
un peu trop également pour
tout le monde. Ah ! Nerée me
dit Oronte, n'allez pas tant
loüer cette civilité generale,
& loüons tous enfemble tant
de belles & grandes qualitez
que nous aymons en l'admirable Meliffe, & que toute la
terre y admire. Je le veux bien,
luy dis je, pourveu qu'elle y
confente ; car on ne peut jamais affez loüer fa beauté, fon

esprit, & la generosité de son
cœur. Mais vous ne songez pas,
dit Philiste, que Melisse est fort
difficile en loüanges. Il est vray,
interrompit Melisse, que pour
ces loüanges multueuses, données par bienseance ou par coû-
tume, & données par des personnes d'un mediocre merite, qui
sont celles dont on reçoit le
plus, elles m'importunent plus
qu'elles ne me plaisent, & que
je ne suis sensible aux loüanges, qu'a celles qui reçoivent
leur prix du merite & de la sin-
cerité de ceux qui les donnent,
& j'ay la mesme impatience
quand on me loüe mal-à-pro-
pos, qu'ont les excellents Mu-
siciens ou les grands Peintres,
quand des ignorants en leur Art
les loüent de travers. Melisse dit

cela avec un petit air fier ſi a-
greable , que nous ne pûmes
nous empeſcher de la loüer de
tout ce qu'elle a de loiiable;
en mon particulier je la loüé de
la generoſité quelle a de prefe-
rer ſes Amis mal-heureux à
ceux qui ne le ſont pas ; Phi-
liſte de ce qu'elle compte ſa
beauté pour rien ; Oronte loüa
l'étenduë & l'agrément de ſon
eſprit ; Philandre les charmes
de ſa voix & ſa belle dance.
Du moins , dit-elle , voyant
que nous continuyons de la
loüer , promettez-moy que
vous me direz enſuitte mes
deffauts afin que je m'en corrige. Pour moy , dit Philandre,
je ne trouve qu'une ſeule choſe à deſirer en vous , qui eſt

que vous fuſſiez un peu moins fiere. Et moy, reprit Oronte en souſriant, je voudrois qu'elle fût encore un peu moins douce ; car enfin je vous declare que ſi de neceſſité il falloit que Meliſſe perdît quelqu'une des qualitez qui la rendent admirable ; il n'y en a preſque pas une de celles qu'elle poſſede que je ne luy oſtaſſe plutoſt que la fierté. Quoy, s'écria Philandre avec étonnement, en regardant Oronte , vous preferez la fierté de Meliſſe à toutes les bonnes qualitez qu'elle poſſede? de grace ſongez bien à ce que vous dites : J'y ſonge bien auſſi, reprit-il, & je ne penſe pas parler ſans raiſon. J'advoüe, repilqua Philandre

landre, que la mienne ne va
pas jufques-là, & que je ne
comprends pas comment il feroit poffible que vous puffiez
confentir que Meliffe perdît la
moindre bonne qualité qu'elle
ait, plutoft que cette fierté qui
fait qu'on ne la peut aymer
fans la craindre. Pour moy,
interrompit Meliffe en riant,
je fuis fi fatisfaite de trouver
quelqu'un qui loüe un deffaut
dont je fens bien que je ne me
puis corriger, que je ne puis
affez témoigner à Oronte l'o-
bligation que je luy en ay. Je
vous affure Madame, reprit il,
que vous ne me devez point
remercier d'une chofe que je
ne puis penfer autrement que
je la penfe. Mais encore, dit

Philandre , voudrois-je bien
fçavoir par quel motif vous
vous eftes affectionné à la fierté au prejudice de toutes les
vertus de Meliffe. C'eft parce,
reprit-il, que c'eft par elle que
le cœur de cette belle perfonne eft difficile à toucher & à
conquerir, car comme je fuis
perfuadé (ajoûta-t'il en riant,
comme fi ce n'eût efté qu'une
fimple galanterie) que je ne
fuis pas deftiné à faire cette illuftre conquefte ; je fuis bien-
aife qu'il y ait dans l'efprit de
la belle Meliffe dequoy empêcher les autres de la faire non
plus que moy : joint qu'à parler raifonnablement il n'y a
rien qui convienne mieux à une
fort belle perfonne que la fier-

té ; j'advoüe toutes-fois que
cette humeur-là ne fied pas
bien à tout le monde, & qu'il
faut avoir mille bonnes qualitez pour faire que celle-là faffe l'agreable effet que je dis. Il
faut fans doute du moins une
grande beauté pour la foûtenir, & je ne fçay mefme fi la
beauté toute feule fuffit pour
s'en bien fervir , & s'il ne faut
pas encore outre cela avoir un
grand efprit & un grand cœur
pour en connoiftre les juftes
bornes ; car enfin je fuis perfuadé que la fierté d'une belle
ftupide reffemblera fort à l'orgueüil, & aprochera extrémement d'une efpece de fotte vanité , qui enlaidit toutes celles
qui l'ont, & qui les rend in-

supportables , & je suis mesme
assuré que si la personne qui a
de la fierté n'a pas le cœur
grand & genereux , elle sera
aigre au lieu d'estre fiere , qui
n'est nullement ce que je desire en une personne accom-
plie. En effet l'aigreur & la
fierté sont des choses toutes
differentes , la premiere sied
mal , & l'autre donne de la
majesté , l'une marque un esprit chagrin & mal fait , & l'autre une ame grande & noble.
Oüy la fierté dont je parle,
poursuivit Oronte, est je ne sçay
quoy de divin qui separe celles qui l'ont du reste du monde , qui les fait craindre & res-
pecter de ceux qui les ayment,
& qui sans faire d'incivilité à

perſonne fait toutes-fois qu'on
ne ſe familiariſe jamais trop a-
vec celles qui ont cette aymable fierté que j'admire tous les
jours en Meliſſe, c'eſt pourquoy ne trouvez pas ſi étran-
ge que je vouluſſe qu'elle perdît quelque autre choſe plutoſt
que cette fierté que j'ayme tant,
& qui vous a meſme rendu de ſi
bons offices. A moy, reprit
Philandre, de grace n'entre-
prenez point de me perſuader
que je doive rien à la fierté de
Meliſſe. Vous luy devez pourtant infiniment, reprit Oron-
té, car enfin penſez-vous qu'é-
tant auſſi belle qu'elle eſt, auſſi aymable & auſſi aymée, ſon
cœur fût encore à ſe donner ſi
elle n'eût eſté fiere ? encore

une fois fi Meliffe eût efté auffi douce que vous femblez le
defirer , elle n'auroit pû voir
fi long-temps tant de mal heureux à fes pieds, fans avoir pitié de quelqu'un ; de forte que
lors que vous eftes venu à la
connoiftre , vous auriez trouvé fon cœur engagé ; où au
contraire vous le trouvez fi libre & fi detaché de toute affection , que le plus paffionné
de tous fes Amants ne fçauroit
trouver en fa conduitte dequoy avoir un moment de jaloufie. Il eft vray , reprit Philandre , mais il n'y fçauroit
auffi trouver dequoy avoir un
moment d'efperance. C'eft
toûjours beaucoup de ne craindre pas qu'un autre foit plus

heureux que nous , repliqua
Oronte. Mais de grace interrompit Meliſſe , dites moy un
peu je vous prie en quoy conſiſte veritablement la fierté ,
afin que ſi par hazard je voulois eſtre un peu plus ou un
peu moins fiere , je ſceuſſe ce
qu'il faudroit faire pour cela.
Eſt-ce l'air de mon viſage ,
pourſuivit-elle , qui le fait pa-
roiſtre ? ſont ce toutes mes actions en general ? ſont ce mes
paroles en particulier, ou ſi ce
n'eſt que le ſon de ma voix ?
C'eſt quelque choſe que je ne
puis definir, reprit Oronte ; car
enfin vous eſtes plus civile que
beaucoup d'autres qui paſſent
pour douces , ne le ſont. Vous
eſtes effectivement bonne ,

vous rendez office à vos Amis
de meilleure grace que nul autre ne le peut faire, vous estes
mesme pitoyable & tendre en
certaines occasions, mais avec
tout cela vous estes fiere comme je desire que vous le soyez.
Je pense pourtant qu'à parler
raisonnablement la belle & noble fierté dont je parle a sa
source duns le fond de vostre
cœur, & que c'est de-là quelle
passe dans vostre esprit, dans
vos yeux, sur vostre visage,
dans toutes vos actions, &
dans toutes vos paroles. Cela
estant, dit alors Melisse, il faut
donc que je sois jusques à la
mort ce que je suis presentement ; car je vous advoüe que
je ne voudrois pas changer
mon

mon cœur pour celuy d'un autre. Quand voſtre fierté ne
vous auroit jamais donné d'autre ſentiment que celuy là, reprit Oronte , je l'aymerois le
reſte de mes jours ; car comme je l'ay déja dit , je ne ſuis
pas marry que les autres ne
poſſedent point ce que je ne
puis acquerir. Philandre ne ſe
rendit pourtant pas encore aux
raiſons d'Oronte , & cette converſation dura d'autant plus facilement , que Meliſſe eſtoit
ſans doute plus aiſe d'entendre loüer ſa fierté que toute autre choſe , parce qu'elle
ne trouvoit perſonne qui ne
loüaſt ſa beauté , ſa voix & ſon
eſprit , & qu'elle en trouvoit
quelques fois qui luy repro-

choient sa fierté, & qui s'en
plaignoient. Je conviens, dit
alors Philandre, qu'entre toutes les personnes qu' j'ay veües
avoir de la fierté, Melisse est
celle à qui elle sied le mieux,
parce qu'elle a mille grandes
qualitez qui la souftiennent;
& qu'en un mot elle est inimi-
table en tout ; mais si nous re-
gardons la fierté en elle mesme sans nul raport a elle, vous
trouverez qu'elle est mieux
placée sur le front d'un Con-
querant à la teste d'une Armée, que dans l'air d'une belle ; encore faut-il que ce Con-
querant en cache la plus grande partie pendant la paix
& parmy des Dames. Ce
qui fait cela, reprit Melisse en

riant, c'eſt que ce Conque-
rant veut eſtre aymé, & qu'une
Dame ſi elle eſt ſage ne doit
pas vouloir eſtre aymée. Mais
Madame, reprit Oronte, ſçavez
vous bien que la douceur empeſche quelques-fois l'amour
d'augmenter, & que la fierté
la rend plus forte, & qu'à parler de l'amour en general cette paſſion n'eſt jamais plus vive que lors que les deſirs ſont
plus violens, & comme il n'eſt
pas poſſible qu'ils le ſoient long-
temps quand la douceur exceſſive les amortit, c'eſt la noble fierté dont je parle qui les rani-
me. C'eſt aux grands Roys,
adjoûta-t'il en ſous-riant, pour
embarraſſer un peu Philandre,
à donner toſt, & à donner de

bonne grace ; mais c'eſt aux
belles à donner tard & a donner preſques comme ſi elles
s'en repentoient , & à faire des
liberalitez avares , s'il eſt permis de parler ainſi , car autrement on s'accouſtume à leurs
faveurs , on les reçoit preſque
ſans plaiſir , & par conſequent
ſans reconnoiſſance. Je penſe
meſme qu'on peut dire qu'il
en eſt de ces eſpeces de graces
comme d'un petit ruiſſeau qui
coule ſi doucement entre deux
rives gazonnées , qu'à peine
ceux qui ſe promenent auprés
s'aperçoivent ils qu'il y ſoit ,
mais au contraire ſi de diſtance en diſtance, on y fait quelques petits amas de cailloux
qui luy faſſent quelques legers

obstacles, il en bondit, il en
gronde, il en murmure, il en
coule aprés plus agreablement,
il divertit plus ceux qui le regardent, il les tire de leur res-
verie, ou les fait du moins res-
ver avec plus de plaisir ; &
pour vous découvrir sincerement tous les deffauts de mon
Sexe, j'avoüeray que selon mon
sens il seroit plus aisé de ralumer
des flâmes que l'excessive fierté
auroit éteintes, que si elles l'ê-
toient par des douceurs trop
égales. En effet, comme l'amour
est une passion capricieuse ennemie de la raison , & qui est ac-
coustumée de renverser toutes
sortes de regles & toutes sortes
de Loix, elle veut qu'il y ait de
l'irregularité & de l'inegalité en

tout ce qui la regarde , & comme elle met bien souvent dans
un mesme cœur de la crainte &
de l'esperance , de l'audace &
du respect , de la joye & de
la douleur , elle veut de mesme qu'il se fasse un meslange
continuel de rigueurs & de graces qui se succedant les unes
aux autres font que les desirs re-
naissent , & que l'amour sub-
siste sans s'atiedir. Mais Oronte , interrompit Melisse , comment voulez vous que j'accorde vos premiers sentimens a-
vec les derniers , vous avez dit
d'abord que vous desiriez que
je fusse toûjours fiere , & que
si je ne l'avois pas toûjours é-
té mon cœur se seroit peut-être laissé attendrir , & presen-

tement vous me perfuadez
prefque que fi la fierté ne fait
pas naiftre l'amour elle l'augmente du moins, & la fait
durer. Cela n'eft nullement
incompatible, Madame, re-
prit Oronte; car vous parlant
comme un amy fincere, &
non pas comme un Amant:
i'ay voulu vous rendre voftre
propre fierté redoutable, &
aprés vous l'avoir montrée comme une garde fidelle de vôtre
cœur, vous faire voir encore
qu'elle peut entretenir les flâmes qu'elle fait naiftre dans celuy des autres, & qu'il faut fe
défier de tout. Je vous affure,
reprit Philandre, que la belle
Meliffe n'a que faire de fa fierté pour fe faire aymer davan-

tage. Mais n'avez vous pas remarqué, ajoûta-t'il, que generalement parlant les fieres sont
plus sujettes à l'inegalité d'humeur que les douces, car il
n'est pas aussi aisé à la fierté
de paroistre toûjours également qu'à la douceur. Je ne
dis pas cela pour Melisse, poursuivit-il, car sa fierté luy est
particuliere, & c'est pour l'ordinaire plutost un air noble
qui inspire du respect qu'une
veritable fierté ; mais je parle
pour une des meilleures Amies
de Philiste, qui me soustenoit
il y a trois jours, en sa presence,
qu'il estoit souvent desavanta-
geux d'être trop également
bonne, qu'un grand esprit sans
bonté & un peu fier se fait ay-

mer, & qu'elle eût mieux aimé avoir l'esprit d'une Dame
qu'elle me nomma, que tout
le monde craint, que la douceur d'une autre qui est toûjours exposée à la médisance,
parce que personne ne l'apre-
hende, & je disputay assez
long-temps contre elle, &
comme elle estoit en son humeur fiere, elle me dit cent
choses dont j'eusse pû me fâcher si je n'eusse pas connu le
fond de son cœur. Cependant,
interrompit Philiste, cette même personne que je vis hier,
ayant passé de la fierté à l'en-
jouëment, estoit la plus charmante du monde ; pourquoy,
luy dis-je en l'embrassant, n'ê-
tes-vous pas toûjours comme

vous estes aujourd'huy ? Car vous estes mille fois plus belle quand vous n'avez pas vôtre humeur chagrine , & rien ne sied mieux que l'égalité. Comme je suis persuadée, dit Lucinde en sous riant, que vous ne parlez de vostre Amie en ma presence que pour me faire une petite leçon d'amitié , je veux bien vous dire que je ne suis pas de vôtre opinion, & que je suis persuadée qu'il est plus agreable de trouver plusieurs personnes en une seule , que de la voir toûjours dans une égalité ennuyeuse , qui ne vous montre jamais qu'une mesme chose. Croyez-moy, ajoûta-t-elle , il est de l'humeur égale ou iné-

gale comme des eaux en general où celles qui ſont toûjours tranquiles ne ſont pas les
plus divertiſſantes. En effet je
penſe que perſonne ne me diſ-
putera que la mer avec ſes tem-
peſtes & ſes bourraſques , ne
ſoit pas plus agreable qu'un
Eſtang malgré ſa tranquilité;
l'inégalité & la fureur de la
mer , repliquay-je , ſont ſans
doute divertiſſantes à voir du
rivage , mais elles ſont bien
faſcheuſes à ceux qui y ſont expoſez. Il eſt vray , reprit Lucinde , mais ſi la mer fait perir quelques mal-heureux , elle
en divertit cent mille qui la regardent en ſureté. Deplus, dit-
elle encore , cette égalité qu'on
vante tant , n'eſt tres-ſouvent

qu'un bon effet d'une mauvaise cause ; car enfin si on observe bien , à parler en general , tous ceux qui sont dans
cette grande égalité d'humeur
dont vous parlez , on trouvera qu'il y a beaucoup de stupi-
dité, ou du moins de mediocrité d'esprit en quelques-uns,
que les autres sont d'un temperamment si grave & si froid
que c'est plus par paresse que
par vertu qu'ils ne changent
point d'humeur, que quelques-
uns ont une gayeté si égale &
si continuë qu'ils en paroissent
fols , & que les autres encore
ont une tiedeur insuportable,
qui fait que cette belle égalité
ne sert qu'à les rendre égalle-
ment ennuyeux. De plus je

soûtiens encore que bien fouvent ces perfonnes fi égales
ont les fentimens de l'ame bas
& rampans , & qu'à parler encore en general ceux qui font
d'une humeur un peu inégale,
& mefme un peu capricieufe,
tantoft fiere & tantoft douce,
ont le cœur plus élevé & plus
heroïque. Je fçay bien ajoûta-
t'elle , qu'il y a des gens qui
ont toutes les vertus enfemble
& en qui on trouve de l'efprit,
de la generofité , de l'agrée-
ment & de l'égalité ; mais cela eft fort rare , & je fuis mefme perfuadée que pour l'ordinaire fi les gens d'un fort grand
efprit ont de l'égalité dans l'humeur, elle leur vient par raifon plus que par tempera-

ment. Vous deffendez une mauvaife caufe avec tant d'éloquence, luy dis-je, que fi le mefme temperament qui vous fait inégale eft celuy qui vous la donne, ce feroit grand dommage que vous fuffiez d'un autre. Serieufement, dit-elle, je penfe ce que je dis, & je ne penfe pas me tromper. En effet, ajoûta-t'elle, d'où croyez-vous que vienne la bizarrerie & l'inegalité dont on accufe ordinairement les Poëtes, les Muficiens, les Peintres, & tous ceux qui font profeffion des Arts Liberaux? eft-ce à voftre advis que les regles de la Poëfie, les inftruments de Mufique, les couleurs & les Pinceaux

portent l'inegalité avec eux ?
nullement ; mais c'eſt que le
meſme temperament qui
fait bien ſouvent les grands
Poëtes , les grands Muſiciens
& les grands Peintres , fait
auſſi bien ſouvent les hu-
meurs un peu inégales & un
peu bizarres : du reſte ajoûta-t'elle , on s'abuſe eſtrange-
ment lors qu'on croit qu'on
change toûjours d'humeur
ſans ſujet & ſans raiſon , car
il eſt tres - vray que la pluſpart du temps on en a des ſujets qui ne paroiſſent point
aux autres. En effet quand
on a l'imagination vive & l'eſprit ſenſible , il ne faut qu'une
tres petite choſe pour donner
un grand chagrin , en mon

particulier mes propres pen-
fées me mettent en mauvaife
humeur, & quand je ne fuis
pas fatisfaite de moy je ne le
fuis de perfonne, & je ne puis
auffi fatisfaire les autres. Mais,
luy dis-je, comment eft il poffible qu'ayant autant d'efprit
qu'il en faut avoir pour parler comme vous faites, vous
ne l'employez pas à retenir
ces mouvemens de chagrin
qui vous changent l'air du vifage, & qui font quelques-
fois que de la plus douce &
de la plus aymable perfonne de
la terre, vous devenez la plus
imperieufe & la plus mutine?
C'eft, dit-elle, que j'ayme tellement la liberté, que je ne
puis me refoudre d'eftre l'efclave

clave de ma raison en une chose presque indifferente, & qui ne m'expose point à faire un crime ; joint que ma raison mesme ne me dit pas que je sois obligée de changer de temperament , car comme je ne connois presque personne qui n'ait quelque chose qui seroit à desirer qu'elle n'eût point , il faut que mes Amies souffrent mes deffauts comme je souffre les leurs. Ce mot de deffaut est bien rude, repliqua Melisse , pour exprimer une qualité qui se trouve en l'aymable Lucinde. Si vous consultez Nerée , reprit elle en me regardant , je m'assure qu'elle le trouvera trop doux. Comme

vous n'estes pas en vostre humeur chagrine, luy repliquay-
je, & qu'on vous peut dire
aujourd'huy toutes choses, je
vous assureray sans doute que
je ne le trouve pas encore assez fort, tant je trouve estrange que vous soyez capable
d'une si grande inégalité,
vous, dis-je, qui voyez si
clair à juger d'autruy, qui
choisissez si bien vos connois-
sances, & qui avez tant de
peine à souffrir ceux qui sont
mediocrement honnestes gens.
Ah! Nerée, s'écria-t'elle, que
vous me voyez souvent des
chagrins qui viennent de ce
que je voy des gens qui ne
me plaisent pas, ou de ce
que j'en ay veu, ou de ce

que je fçay que j'en verray,
ou de ce que je crains feulement d'en voir. De grace Madame, reprit Oronte, faites
moy l'honneur de me dire laquelle de ces quatre chofes
caufoit la froideur qui eftoit
hier fur voftre vifage quand
j'eus l'honneur de vous voir
chez vous. Ah pour celle-là,
dit-elle en riant, je fuis contrainte d'avoüer ingenument
que je n'en fçay point la raifon. Aprés un adveu fi fincere nous continuâmes de faire
la guerre à Lucinde, qui entendit auffi bien raillerie que
Meliffe l'avoit entenduë fur la
fierté, & je fuis perfuadée que
fi ces deux charmantes perfonnes ne fe corrigent, elles

auront du moins intention de
ſe corriger, & qu'elles auront
plus d'attention ſur elles meſmes qu'elles n'en ont eû juſques icy.

CONVERSATION

DE

L'INCLINATION.

TROIS Dames de qualité, d'un tres-grand merite, que j'appelleray Philocrite, Elise & Amerinte, accompagnées d'un homme fort distingué par sa condition & par ses grandes qualitez, se promenans dans une Forest s'égarerent, & s'apperceurent

qu'il n'y avoit plus de chemin
pour le Carroſſe, & qu'il fa-
loit retourner d'où ils ve-
noient ; mais voyant un petit
ſentier fleury qui s'enfonçoit
dans le Bois, & qui ſembloit
devoir conduire en un lieu fort
agreable, ils deſcendirent, car
comme ils aymoient à mar-
cher, & qu'ils n'avoient eu
deſſein que de paſſer le reſte
du jour enſemble en quelque
promenade ſolitaire, ils laiſſe-
rent leur Carroſſe & leurs
gens en ce lieu-là, & ſe pro-
menerent avec beaucoup de
plaiſir ſous le plus bel ombra-
ge du monde. Ils n'eurent pas
fait deux cens pas qu'ils trouverent une Fontaine ruſtique
fort abondante, d'où partoit

un petit Ruiſſeau , qui coulant
entre du gazon & des fleurs
ſauvages , ſembloit les inviter
à le ſuivre ; comme ils eurent
encore fait cent pas , Cleandre ſe ſouvint d'avoir un jour
paſſé en ce lieu-là conduit par
la chaſſe , & d'avoir remarqué
aſſez prés de là une maniere
d'Hermitage fort joly , où l'on
luy avoit dit qu'un Solitaire
inconnu ſans eſtre en ha-
bit d'Hermite demeuroit depuis quelque temps. De ſorte
que les Dames ayant curioſité
de le voir , propoſerent de ſuivre le ſentier qui paroiſſoit le
long du Ruiſſeau ; & ce qui
les y obligeà c'eſt qu'ils en-
tendirent la voix d'un chien
qui ne paroiſſoit pas éloigné.

En effet Cleandre se recon-
noissant encore davantage,
montra à ces Dames à travers
les arbres un petit Toit simple
mais propre. Le petit Ruisseau
qui les avoit conduits environ-
noit l'Hermitage, une palissa-
de à hauteur d'appuy le fer-
moit, un petit Pont rustique
traversoit le Ruisseau pour donner entrée dans la Cour, & un
petit Jardin fort propre parois-
soit derriere avec un boüillon
d'eau au milieu. Comme la
voix du chien redoubla à l'approche de cette belle troupe,
deux Domestiques du Solitaire parurent qui demanderent
fort civilement à ces Dames
ce qu'elles desiroient, Amerinte répondit qu'elles de-
mandóient

mandoient à voir l'Hermitage
& celuy qui l'habitoit, ces Domestiques ouvrirent une porte
de joncs entrelassez qui fer-
moit la Cour, & dirent que
leur Maistre estoit allé selon sa
coustume se promener seul
un Livre à la main & qu'il
reviendroit bien-tost, mais
qu'il les avertissoit qu'il n'aymoit pas à estre visité. Ce
discours redoublant leur curiosité, ils entrerent dans une petite Salle assez fraische, meublée modestement ; ils virent
aussi une petite Chambre de
plein pied meublée de mesme,
mais sans nulle marque ny
d'austerité ny de magnificence, & au de-là de la Chambre estoit un Cabinet plein de

Tom. I. D d

Livres en plusieurs Langues.
Cleandre & les Dames firent
plusieurs questions à celuy des
deux Domestiques qui parois-
soit le plus intelligent, mais il
leur ferma la bouche en leur
disant qu'il seroit indigne d'a-
voir un Maistre tel que le sien
s'il disoit ce qu'il ne vouloit
pas estre sceu. De sorte que s'é-
tant résolus d'attendre le Solitaire, ils furent s'asseoir sur des
sieges de gazon qui estoient
dans un Cabinet d'Accacias
pallissadez qu'ils virent à un
coin du Jardin : & venant à parler de la diversité des gousts du
monde, Philocrite avança que
les bonnes ou les mauvaises inclinations estoient d'une grande importance pour la condui-

te de la vie, & qu'il eſtoit plus
ſeur d'eſtre vertueux par temperament que par raiſon ; car
il me paroiſt , ajoûta-t'elle ,
que c'eſt un grand advantage
d'eſtre porté au bien ſans nulle peine , & il me ſemble que
c'eſt un Ruiſſeau tranquile
qui ſuivant ſa pente naturelle
coule agreablement ſans obſ-
tacle entre deux rives fleuries ,
comme celuy qui nous à conduits icy , & il me paroiſt au
contraire que ces gens vertueux par raiſon , qui font quelques fois de plus belles choſes
que les autres , ſont de ces jets
d'eau où l'art fait violence à
la nature , & qui aprés avoir
jaly juſques au Ciel , s'arreſtent
bien ſouvent par le moindre

petit obstacle. Ce que la belle
Philocrite dit, reprit Amerinte, est fort ingenieusement
pensé; mais selon mon sentiment le temperament quel-
que bon qu'il soit ne peut faire que l'ébauche des vertus,
& il n'appartient qu'à la raison
de les achever. Mais la raison,
reprit Elise, est une chose si
aisée à séduire, que je pense
que les bonnes inclinations
vont toûjours plus droit qu'elle. J'adjoûterois à cela, dit
Philocrite, que la raison est
tantôt plus forte & tantôt plus
foible selon l'âge, & que par
consequent il est plus seur d'a-
voir les inclinations bonnes,
que de faire le bien par raison
seulement. En effet, poursui-

vît-elle , quand on eft bien né
il n'eft nullement befoin d'a-
voir apris la morale , les igno-
rans peuvent avoir de la vertu
auffi - bien que les fçavans.
Ceux qui font nez braves le
font naturellement , fans que
la gloire ny l'ambition exci-
tent leur valeur , & fans fonger ny à la peine ny à la re-
compence, ils vont où leur temperament les porte. Pour moy,
dit Elife , qui fuis un peu pa-
reffeufe , je croy que c'eft une
grande commodité d'avoir de
tres bonnes inclinations. Mais
avant que de me déterminer ,
je ferois bien aife de fçavoir
les fentimens de Cleandre. Il
n'y a affurément perfonne , reprit-il , qui loüe plus volon-

tiers que moy ceux dont toutes les inclinations font fort
nobles, mais je ne laiffe pas
d'avancer hardiment que les
bonnes inclinations toutes feules ne font point les Heros.
J'ay connu cent perfonnes ordinaires, dont toutes les inclinations eftoient bonnes, mais
qui faute d'avoir d'un certain
efprit fuperieur qui fait chercher la gloire par les fentiers
les plus difficiles, font dans
une mediocrité de vertu,
qui fait qu'elles s'endorment,
pour ainfi dire, fur leurs bonnes inclinations fans s'élever
au deffus des autres; & puis à
proprement parler, ce n'eft pas
meriter une grande loüange,
que d'eftre entraîné par fon

temperament à faire quelque chose de bon. Nous naiſſons avec des inclinations telles qu'il plaiſt au Ciel de nous les donner, & nous n'entrons en part de la gloire ou du blâme que du jour que nous commençons d'agir par raiſon. Juſques-là rien n'eſt à nous ; mais depuis cela, nous ſommes reſponſables de tout ce que nous faiſons de bien ou de mal. C'eſt à nous alors à voir quelles ſont les inclinations que nous devons ſuivre, celles que nous devons forcer, & aprés avoir connu le veritable chemin de la gloire & de la vertu, d'y marcher malgré toute la repugnance que nous y pouvons trouver en nous meſmes.

Presque tous les hommes en general ayment le plaisir & ne haïssent pas le repos, mais cependant la raison fait aux personnes heroïques que lors que la gloire le veut elles renoncent à tous les plaisirs, elles cherchent la peine & la fatigue, elles affrontent les plus grands perils, & elles hazardent leur vie en cent manieres differentes. Au reste puisque le mépris de la mort est le chef d'œuvre de la vertu heroïque, s'il est permis de parler ainsi, il faut bien demeurer d'accord que c'est un pur effet de la raison, & que les inclinations naturelles ne peuvent jamais porter à la chercher, ny à la méprifer, & comme la belle

Amerinte l'a tantôt fort judi-
cieusement dit, les bonnes inclinations ne sont que le commencement des vertus. En effet un homme qui est brave
par temperament ne fera pour
l'ordinaire autre chose que de
n'estre pas poltron, il s'opose-
ra avec courage à ceux qui l'at-
taqueront ; mais ce ne sera
que la raison qui luy persua-
dera de quitter la douceur du
repos pour aller chercher la
guerre, pour se signaler aux
yeux de son Prince, & pour y
perir avec joye. Un grand Roy
jeune, bien fait, aymable &
aymé, redoutable à toute la
Terre, à qui tous les divertissemens s'offrent en foule, ne
peut jamais par la seule force

de fes inclinations naturelles
renoncer à tous les plaifirs
qui le cherchent pour courir
aprés les travaux & les dan-
gers ; il faut donc que ce foit
la raifon qui eftant maiftreffe
abfoluë de fon cœur, le porte
à entreprendre quelque chofe
d'extraordinaire pour acquerir
de la reputation. Les inclinations, fi j'ofe parler ainfi, font
de belles aveugles qui ne choi-
fiffent rien, & qui fe laiffent
conduire facilement au bien ;
& c'eft affurement le choix qui
fait la diftinction des actions
indifferentes & des vertueufes.
La valeur naturelle eft brutale,
l'amour de temperament eft
groffiere, la bonté mefme de
cette efpece eft trop fimple ;

en un mot il faut que la raison donne la perfection aux inclinations, qu'elle les redreſſe & les corrige, & leur inſpire une nouvelle force qui ſeule nous rend dignes de loüange. Que ſi on vouloit des exemples de ce que je dis, on trouveroit que preſque tous les grands hommes qui ſont marquez dans l'Hiſtoire, ou parmy les Philoſophes, ou parmy les Heros, ont eu quelques mauvaiſes inclinations qu'ils ont ſurmontées par vertu, & qu'ils ont joint à la gloire de vaincre les autres, ou en valeur ou en ſçavoir, celle de ſe vaincre eux meſmes. Je demeure d'accord que quand un grand eſprit ſe rencontre avec de belles inclinations, il est plus facile de faire de grandes choses. Mais comme en voyant un beau Tableau on ne s'informe pas de la peine que le Peintre a euë en le faisant , & qu'on regarde seulement la perfection de l'ouvrage, de mesme sans s'informer si toutes les inclinations sont bonnes , il faut voir si toutes les actions sont vertueuses , grandes & nobles, & quand cela est , je soûtiens que celuy qui agit de cette sorte a quelque chose dans son temperament qui resiste aux grandes actions qu'il fait , & que cela mesme augmente sa gloire , & qu'un Prince qui connoist tous les charmes des plaisirs , merite cent fois plus lors qu'il les fçait quitter, que ceux qui par un temperament impetueux & actif tout enfem-ble renoncent fans peine à toute la douceur de la vie. Et pour dire tout ce que pen-fe je ne louë les actions ver-tueufes que lors que la rai-fon les conduit, & je regarde les bonnes inclinations toutes feules comme un inftinct heu-reux qui ne merite pas grande loüange, quoy que ce foit un avantage pour ceux qui l'ont; car je demeure d'accord que lors qu'on n'a qu'un mediocre difcernement c'eft un bon-heur extreme d'eftre naturelle-ment porté au bien. Je vous affure, reprit Philocrite, qu'a-pres y avoir bien penfé je ne puis dire autre chofe, finon

qu'il eſt plus commode de faire le bien par ſa propre inclination, & plus glorieux de la
ſurmonter; j'avoüe enfin ingenument que la raiſon eſt neceſſaire à tout, & que ſans elle il n'y a pas de veritable gloire à acquerir. Comme Philocrite parloit ainſi, le Solitaire,
que j'appelleray Antenor, re-
vint de ſa promenade, &
quoy qu'il fût faſché de trouver une ſi belle Compagnie
dans ſon Hermitage, comme
il eſt fort honneſte homme,
l'air ſerieux de ſon viſage ne laiſ-
ſoit pas d'eſtre civil. Je vous
demande pardon pour tou-
te noſtre Troupe, luy dit
Philocrite, ſi nous venons
troubler voſtre ſolitude, le ha-

zard nous a conduits icy , &
la propreté de voſtre Hermitage nous a donné l'envie de
voir un homme qui ſans eſtre
Hermite de profeſſion vit dans
une ſi grande ſolitude. Quoy
que j'aye renoncé au monde ,
repliqua-t'il , je n'ay pas renoncé à toute ſorte de bien-
ſeance , & je ne laiſſe pas de
vous remercier de m'avoir at-
tendu , dans l'eſperance que
le peu de ſatisfaction que vous
trouverez icy vous empeſche-
ra d'y revenir. Ne vous offen-
ſez pas Madame , ajoûta-t'il ,
de m'entendre parler ainſi ; car
plus vous me paroiſſez raiſonnable plus je dois vous craindre , ne voulant jamais ren-
trer dans le monde par quel-

que motif que ce soit. Il faut donc, reprit Philocrite, que la fortune vous ait bien perfecuté pour vous le faire autant haïr. Je vous affure Madame, repliqua t'il, qu'il ne faut que le bien connoiftre pour ne l'aymer pas. Mais, reprit Philocrite, en le regardant de plus prés, ne vous ay-je pas veu il y a quelques jours dans les Jardins du Palais avec un oncle que j'ay qui eft tres fçavant, & qui parloit à vous avec affez d'action ? Je luy demanday le foir qui vous eftiez, & fans vous nommer il me dit que vous aviez beaucoup de merite, & que ce qui faifoit prefentement voftre bon-heur feroit le mal-heur de beau-

coup

coup d'autres ; mais il ne voulut
pas m'en dire davantage. Ah !
Madame , s'écria Antenor , je
souffris plus que je ne le puis
dire dans ce Jardin qui fait le
plaisir de tant de gens , & je
me plains de ce que vous me
faites connoître qu'il y a un
homme fidele au monde , puisque vostre parent ne me nomma point ; car je ne croyois
pas qu'il y en eût. Je vous demande pardon , ajoûta-t'il en
regardant Cleandre , de parler
comme je fais ; mais un Solitaire comme je suis parle plus
hardiment qu'un autre. Aprés
cela en consideration du parent de Philocriste il pria la
Compagnie de se rasseoir , &
de continuër l'entretien qu'il

avoir interrompu ; car , pour-
fuivît-il , un homme qui n'a
nul commerce qu'avec fes Livres , ne pourroit vous parler
que de la Cour d'Augufte , &
point du tout de celle dont je
fuppofe que vous eftes tous.
Antenor qui avoit toûjours
bonne mine , quoy que d'un
âge avancé , malgré fa mélan-
colie dit cela d'un air qui donna une grande curiofité à toute la Compagnie ; de forte que
Philocrite fe fervant agreablement du droit que fon parent
luy donnoit auprés du Solitaire , de grace , luy dit-elle , pour
nous obliger à ne venir plus
vous troubler dans voftre retraite , dites nous fi vous l'a-
vez choifie par inclination ou

par raison ? Quand vous estes arrivé, interrompit Amerinte, nous parlions de la force de l'inclination, Philocrite la soûtenoit, & j'estois contr'elle pour la raison, & je supposois qu'il y a des choses ou l'inclination est naturellement inutile ; par exemple en peut on avoir pour la solitude ? car il me paroît qu'il faut envisager quelque chose d'agreable pour faire naistre l'inclination, & la solitude en elle mesme n'a rien d'aprochant. Ah ! Madame, s'écria Antenor, la solitude a des charmes que vous ne connoissez pas, & l'éloignement du monde perverty est un veritable bon-heur ; l'independance où l'on vit dans la

ſolitude peut rendre heureux,
pourveu qu'on regne ſur ſon
propre cœur, & que le ſouvenir des faux plaiſirs qu'on a
quittez ne ſoit pas plus puiſ-
ſant que celuy des vices de la
pluſpart des hommes qui le
compoſent, & que celuy des
mal-heurs qu'on y trouve de
quelque condition qu'on puiſſe eſtre. Du moins, dit Amerinte, m'avoüerez-vous que
l'inclination pour la ſolitude
n'eſt pas une inclination purement naturelle, & qu'il faut
avoir aſſez connu le monde
pour le mépriſer avant que de
luy donner la preference. J'a-
voüe ce que vous dites, repliqua le Solitaire, car qui naî-
troit dans la ſolitude, ne l'ay-

meroit que parce qu'il ne con-
noiſtroit pas autre choſe , &
dés qu'on parle d'inclination ,
on ſuppoſe qu'on peut pencher d'un coſté ou d'autre.
Mais, repliqua Amerinte, puiſque vous convenez de ce que
je dis , la ſolitude où vous vi-
vez eſt donc un effet de vôtre
choix ou de vôtre inclination.
C'en eſt ſans doute un de ma
raiſon , reprit-il , qui m'a donné un ſi grand dégouſt du
monde aprés l'avoir connu ,
que je n'y voudrois pas r'entrer, & l'Hermitage que je me
ſuis fait m'eſt ſi agreable , que
je ne le quitterois pas pour la
fortune la plus éclatante. De
grace , dit Philocrite au Solitaire , dites nous un peu en

détail ce qui vous a porté à haïr ce que tant d'honnestes gens ayment, & puisque je vous ay veu une fois, dans les Jardins du Palais, qui est le lieu le plus éloigné de la solitude qui fût jamais, il me semble que j'ay quelque droit de vous demander, ou pourquoy vous estiez-là, ou pourquoy vous estes icy. J'y fus entraîné par vostre parent, repondit le Solitaire, par des raisons que je ne puis expliquer. Mais de grace, reprit Philocrite, contentez nostre curiosité sans nous dire vostre nom, ny nulle circonstance qui vous fasse connoistre, puisque vous voulez estre ignoré, & je vous promets de ne dire pas même à mon parent que nous vous

ayons vû. A cette condition,
reprit le Solitaire , j'y confens,
car je ne luy ay pas dit le lieu
de ma retraite , quoy que je
l'eftime infiniment. Dites donc
à ces Dames , reprit Cleandre,
fi vous eftes icy par inclination ou par raifon. J'y fuis , reprit-il , en adreffant la parole
à Amerinte , qui avoit dit
qu'elle eftoit pour la raifon
contre l'inclination ; j'y fuis ,
dis-je , pour avoir efté long-
temps efclave de mes inclinations , & pour n'avoir pû trouver d'autre voye d'eftre délivré de leur tirannie , qu'en me
confinant pour jamais dans la
folitude , où je fuis devenu fidele fujet de la raifon. Car
Madame , ajoûta-t'il , le mon-

de eſt une choſe qu'il faut de neceſſité aymer ou haïr, & l'indifference ne s'y peut trouver; & comme haïr le monde & y demeurer eſt un ſuplice & une folie, il vaut mieux le fuïr en le mépriſant, car on le hait avec plus de tranquilité. N'attendez pas Madame, pourſuivit-il, que je vous parle de ma vie fort exactement; ma naiſſance eſt noble, j'ay apris plus que je ne voudrois, & l'ignorance m'auroit eſté plus avantageuſe que le peu que je ſçay. Je perdis ceux à qui je devois la vie, au berceau, j'apris facilement tout ce qui convenoit à ma naiſſance, je fus à la guerre ſans recompenſe, je choiſis des Amis qui me trahi-

trahirent ; je devins amoureux
par inclination toute pure , &
l'amour à son tour me fit faire
une infidelité au seul Amy que
j'avois qui ne m'avoit pas trompé ; mais la mesme personne
qui l'avoit quitté pour s'attacher à moy , me quitta pour
un autre que je méprisois fort;
& je vins à haïr le Rival & la
Maistresse , & à me haïr moy-
mesme. Mon inclination me
portant à voyager je la suivis,
je m'en trouvay mal , je fis nau-
frage deux fois , & je trouvay
par tout les mesmes deffauts
en tous les hommes. Je re-
tournay en mon Païs , & je trouvay que mes parens & mes voi-
sins avoient usurpé une grande partie de mon bien ; cet.

te eſpece de mal-heur m'en-
gagea dans des querelles , &
m'eût engagé dans des procés
ſi je n'avois preferé la perte
d'une partie de ce qui m'apar-
tenoit pour acquerir le repos.
Ne me trouvant plus d'Amis
vivants j'en cherchay parmy
les morts , & ce fut le premier
pas que je fis vers la veritable
ſageſſe ; ce fut là , Madame,
que je trouvay des Amis ſin-
ceres, la paſſion des Livres me
prit , & me porta heureuſement à haïr le monde & à
n'aymer que la ſolitude ; & ſi
j'oſois vous dire toutes les re-
flexions que j'ay faites dans
mon deſert , vous trouveriez
peut-eſtre que je n'ay pas mal
employé mon temps ; puiſ-

qu'aprés tout la fortune ne me
sçauroit plus blesser , & qu'il
n'y a que la mauvaise santé qui
puisse m'empescher d'estre heureux. Pour moy , dit Philocrite , je me borne à sçavoir ce
qui vous à pû déplaire dans
les Jardins du Palais où je me
divertis fort agreablement. Si
je n'y avois trouvé que les Arbres & les Fontaines , repliqua-t'il , avec un leger souris ,
je n'en aurois pas esté impor-
tuné , mais vostre genereux parent m'y ayant conduit pour
me faire revenir le goust du
monde , & m'ayant mené en
un certain lieu où il y avoit
beaucoup de gens , je fus surpris & estonné de voir tant
d'hommes avec si peu de rai-

sion. Mais encore , dit Cleandre , qu'avez vous vû & qu'avez vous entendu qui vous oblige de parler ainsi ? En mon particulier, dit Elise , vous me ferez plaisir de nous dire toutes les remarques que vous y avez faites. Premierement, repliqua Antenor , je vis une grande multitude de gens separez par petites troupes , qui sembloient avoir l'esprit occupé de grandes affaires , les uns parloient bas , les autres disputoient fort haut , & tous étoient si attentifs à ce qu'ils disoient , qu'on pouvoit les écouter sans qu'ils y prissent garde; de sorte que marchant lentement aprés une troupe des plus nombreuses , j'entendis

des gens parler de guerre , de
paix, de Places affiegées, de places renduës , de lever des Troupes , de faire des Ligues à leur
fantaifie , decider hardiment
des interefts de tous les Princes de l'Europe , & fe mettre
en colere pour des chofes qui
ne les regardoient pas. Il y en
avoit un qui non feulement
fe vantoit de fçavoir le fecret
des affaires paffées & des affaires prefentes , mais qui parloit
des chofes à venir avec une
certitude étonnante ; & voulant fçavoir qu'elles gens é-
toient ceux que je voyois , je
demanday à celuy avec qui j'é-
tois fi c'eftoient de grands Sei-
gneurs déguifés en Bourgeois
que j'entendois parler ainfi :

Nullement, me répondit-il; la plufpart font des gens qui n'ont pas grand intereft à l'Eftat, & qui paffent leur vie à dire des nouvelles fans en fçavoir, à raifonner faux fur de faux principes, & ces gens-là fe croyent pourtant les plus grands politiques du monde. Laiffons les aller, dis-je alors, & voyons fi ceux qui font dans cette autre Allée font plus raifonnables. J'ay impatience, dit Amerinte, de fçavoir qui étoient ceux que vous trouvâtes. Ce furent des gens, reprit Antenor, affez mal habillez, & à mines venerables, qui ne s'entretenoient que des moyens de reftablir les grandes Maifons en decadance, & qui par-

loient parfaitement bien des
affaires d'autruy. Je fceus pourtant un moment aprés par celuy qui me conduifoit que ces
gens-là avoient efté fort riches, & s'eftoient ruinez par
leur mauvaife conduite. Tout
le monde connoît des hom-
mes de cette efpece, reprit
Cleandre ; mais aprés cela quelles gens trouvaftes vous ? Ce
que je trouvay, reprit-il, je
trouvay des gens comme on
en trouve à mon avis par tout
le monde, des hommes & des
femmes qui fe renvoyoient les
uns aux autres l'ufage de toutes les vertus. Un homme d'u-
ne mine mediocre & affez mal
fait, difoit, fi j'eftois riche la
liberalité feroit ma vertu favo-

rite. Un autre fort magnifique, difoit fierement que s'il eût é-té pauvre il eût eu l'efprit fort foumis. Un vieillard avança hardiment que s'il eût efté jeu-ne il n'auroit pas paffé fa vie dans des Jardins à badiner, & feroit allé chercher la gloire à l'autre bout du monde. Un jeune étourdy foûtenoit info-lemment que ce n'eftoit pas aux jeunes gens à eftre fages. Et comme il y avoit des Da-mes mêlées à cette Troupe, les jeunes qui eftoient belles remettoient à eftre devotes qu'elles fuffent vieilles, &une Dame fort âgée qui parloit fort librement, & en quelque forte contre l'exacte bien-feance de fon Sexe, difoit que ce

n'eſtoit plus à elle à garder de
ſi grandes meſures. Il eſt vray,
dit Philocrite en riant, qu'on
trouve beaucoup de ces gens-
là dans le monde. J'ay fait encore une autre remarque, reprit Antenor, c'eſt que la pluſpart des hommes s'entretien-
nent de choſes qui ne ſont pas
de leur profeſſion ; on voit des
braves vouloir faire les ſçavans, des ſçavans qui parlent
plus volontiers de guerre que
de ſcience, & tous parlent
enfin de ce qu'ils ſçavent le
moins, excepté certaines
gens qui ne parlent preſque
jamais que d'une ſeule choſe, qui eſt toute leur appli-
cation. Je remarquay encore par les diſcours de pluſieurs

personnes avec qui mon Amy entra en conversation, que tres-souvent les hommes ne connoissent pas leur bon-heur, & qu'ils passent toute leur vie ou à desirer ce qu'ils n'ont pas ou à regreter ce qu'ils n'ont plus, quoy qu'ils n'en sçachent pas le prix quand ils le possedent. Ensuite on me voulut faire aller du costé où les Dames & les hommes de la Cour se promenoient ; mais je n'y fus qu'un moment, & je compris si bien que ces personnes si bien faites en aparence n'étoient là que pour s'entretromper, que je fus regagner une Allée plus solitaire, qui aboutit à un lieu où l'on entre dans un magnifique Magazin d'Armes

& de Machines de Guerre,
dont je n'avois point vû depuis vingt-cinq ans ; j'en fus
si étonné, que je ne pûs m'empescher de m'écrier. O ! Dieu,
est-il possible qu'on ait inventé tant de choses terribles contre une vie si foible ? si c'étoit
pour la conserver cela seroit
loüable. Mais les Armes, interrompit Cleandre, servent
pour la deffendre comme pour
l'attaquer. J'en conviens, reprit Antenor, mais le premier
qui les inventa chercha sans
doute cette invention pour
nuire, & la plus part de ceux
qui s'en servent ne pensent
qu'à nuire aussi. Aprés nous
avoir dit, repliqua Cleandre,
ce qui vous à déplû dans les

Jardins du Palais ; dites nous
quelle reflexion la plus utile
vous avez faire durant voſtre
longue ſolitude ? J'ay penſé mille fois, reprit-il, que le mauvais uſage que les hommes
font du temps , eſt en quelque ſorte la ſource de tous les
vices , & que s'il y avoit autant de difficulté à eſtre vertueux qu'il y en a d'ordinaire à ne l'eſtre pas, les hommes feroient des plaintes con-
tinuelles contre le Ciel , & ſi
l'on veut regarder les choſes
de prés , on trouvera preſques
toûjours beaucoup plus de facilité à bien faire qu'à faire
mal. La haine ne donne pas un
moment de repos à ceux qui
en ont le cœur remply , & l'ou-

bly des injures reſtablit le cal‗
me dans l'eſprit des plus vin‗
dicatifs. Quelle punition plus
dure peut‑il y avoir que celle
que ſouffre un Avare qui ſe
'deffend luy‑meſme l'uſage de
ſes propres biens qu'il a tant
eu de peine à acquerir , & qui
ſe ſert preſqu'auſſi peu de ce
qu'il a que de ce qu'il n'a pas;
n'employant quelquesfois tou‑
te ſa vie qu'à prendre le bien
d'autruy pour le laiſſer à d'au‑
tres ſans en avoir joüy , au lieu
que la vraye liberalité eſt la
ſource de toutes les bonnes
actions , & meſme de tous les
honneſtes plaiſirs , s'il eſt vray
que le monde en puiſſe don‗
ner ? L'amour qui de toutes les
paſſions eſt la plus naturelle ,

est celle qui a le plus de besoin de la solitude pour la vaincre ; la raison est trop foible
quand on est jeune pour resister à une inclination suivie d'u-
ne foule d'occasions, si on peut
parler ainsi ; mais la privation
des objets qui peuvent faire
naistre cette passion est le moyen le plus indubitable pour
l'eviter. Il en est de mesme de
l'ambition , la veuë des ambitieux dont le monde est remply la fait naistre , ou l'entretien dans le cœur de ceux qui
y sont ; mais un Solitaire qui ne
voit rien ny audessous ny audes-
sus de luy que la terre & le Ciel,
& qui ne connoît plus d'autres
vicissitudes que la cheute & la
naissance des feüilles dans le

changement des faifons , joüit
d'un calme profond que rien
ne fçauroit troubler. Je conviens , interrompit Amerinte,
que la folitude peut eftre un azi-
le contre les paffions , & fi vous
voulez contre les vices qui les
fuivent fouvent ; mais quelles
vertus peut-on pratiquer dans
la folitude hors la patience ? &
penfez vous qu'ayant autant
d'efprit que vous en avez,
ajoûta-t'elle , vous ne foyez pas
refponfable au Ciel de tout le
bien que vous feriez fi vous
eftiez au monde ? En effet,
pourfuivit Cleandre , il faut
que vous demeuriez d'accord
que l'oifiveté forcée d'un Solitaire pafferoit dans le monde
pour une grande imperfection

ſi elle eſtoit volontaire. Penſez-vous , reprit Antenor , qu'un Solitaire qui a des livres , qui a pour objet de ſes penſées touтes les ſciences , & pour mieux dire encore tout l'univers ſoit oiſif ? Mais du moins, dit Philocrite , ne ſert-il à perſonne, & il eſt à l'égard de tous les hommes comme une choſe inanimée. Oüy , repliqua Antenor , mais il eſt d'accord avec luy meſme & avec le Ciel qui ne luy reproche rien , ce qui eſt la plus grande felicité qu'on puiſſe avoir. Mais depuis que vous eſtes dans cette ſolitude, dit Philocrite , n'avez-vous eu nulle tentation de la quitter ? Une fois ſeulement, reprit-il, je fus tenté d'aller faire un

grand

grand voyage , mais cela paſſa bien vite ; & je me mocquay de moy-meſme & ; depuis cela je n'y ay pas penſé , & toutes mes inclinations ſont tellement ſoumiſes à ma raiſon , que je joüis d'un repos que rien ne peut troubler. Je n'ay ny amour, ny haine, ny ambition , & je paſſe ma vie à admirer toutes les beautez de l'Univers. Comme je ne ſuis attaché à rien, la mort me trouvera preſt à partir , je ne la deſire ny ne la crains ; l'aſſujetiſſement des paſſions & l'innocence de la vie en oſtent la frayeur & la font recevoir conſtamment ; & n'ayant point de plaiſirs criminels à quitter , on va vers ceux de la ſeconde vie

ſans nul chagrin, & avec beaucoup de confiance. Je vous
avoüeray toutes fois, ajoûta-
t'il, en adreſſant la parole à
Philocrite, que ſi j'avois eſté
de quinze ans plus jeune que
je ne ſuis, voſtre illuſtre parent m'auroit donné une forte
tentation de vivre quelques
années à la Cour de Loüis le
Grand, pour voir en ſa perſonne ce que tous mes Livres ne
me montrent pas. Je veux dire un Prince accomply en toutes ſortes de vertus heroïques,
ſoit pendant la guerre ſoit pendant la paix, & une des raiſons qui m'a confirmé dans la
haine du monde, c'eſt la criti-
que que j'ay faite de tous les
pretendus Heros de l'antiqui-

té ; & de tous les grands
hommes des derniers Siecles ;
car j'y ay trouvé tant de taches , tant de foiblesses , &
un si grand meslange de vices parmy quelques vertus ,
qu'il m'a esté aisé de comprendre que les hommes du
commun en avoient bien davantage , & que je ne per-
drois pas beaucoup en perdant
leur compagnie : Mais malgré l'admiration que vostre
parent m'a donnée pour le
Roy , je me contenteray de
faire des vœux au Ciel pour la
continuation d'une gloire si
éclatante ; car un vieil homme qui se feroit jeune Cour-
tisan se rendroit ridicule , &

il n'appartient qu'à ceux qui
ont eu l'avantage de vieillir à
son service d'estre à sa Cour
avec honneur. Je me suis donc
contenté d'engager un fameux
Libraire à m'envoyer tout ce
qui parlera de cet admirable
Prince ; car j'envoye de temps
en temps un de mes gens prendre chez luy les Livres dont
j'ay besoin. L'entretien du Solitaire fut si agreable à cette
belle Compagnie , qu'il fut
contraint de luy faire remarquer que le Soleil s'abaissoit ;
mais en repassant dans la Salle ils trouverent une Collation
de fruits fort propre ; il les pria
de bonne grace d'oublier l'Hermite & l'Hermitage ; & de ne

parler de luy à perſonne : on luy
promit ce qu'il voulut , il ſui-
vit ces Dames juſques à la
Fontaine , & s'en retourna
dans ſon Deſert.

CONVERSATION
DE
L'AIR GALANT.

U Ne Compagnie choisie estant à la Campagne chez une Dame de beaucoup d'esprit que j'appelleray Cléonice, aprés avoir disné dans un lieu digne de la magnificence & de la politesse du repas, passa dans un autre orné de tres-rares Tableaux, & paré tout à

l'entour de beaux Vafes remplis de fleurs ; cette Compagnie, dis-je, s'entretint d'une
Fefte fort galante qu'on luy a-
voit donnée quelques jours auparavant, fans que celuy qui la
donnoit eût paru, & comme
on ne doutoit pas qu'un homme qui eftoit prefent, que j'appelleray Lifandre, ne l'eût
donnée, tout le monde le
loüa, quoy qu'il foutint toûjours qu'il ne meritoit pas d'ê-
tre loüé, & qu'il n'eftoit pas
affez galant pour l'avoir faite.
En verité, luy dit Artemire,
vous feriez bien attrapé fi l'on
vous croyoit ; car enfin ceux
qui ont naturellement l'efprit
galant fçavent qu'ils l'ont ainfi, & ne trouveroient nulle-

ment bon qu'on crût qu'ils
ne l'euſſent pas , & ils auroient raiſon de ne vouloir
pas qu'on leur oſtât une qualité qui donne un nouveau prix
à toutes les autres , quelques
grandes qu'elles puiſſent eſtre.
Il faut avoir l'inclination bien
galante , repliqua Damon en
ſoûriant, pour dire ce que vous
dites. Il faut à mon avis l'a-
voir auſſi raiſonnable que galante , reprit Artemire , car il
eſt vray que quand on ne fait
point les choſes de la maniere
que je l'entends , on ne les
fait guere agreablement. Pour
moy, repliqua Cleonice , je voudrois bien ſçavoir preciſément
en quoy conſiſte cette eſpece
de galanterie dont Artemire
entend

entend parler. En mon particulier , interrompit Lisandre, j'aymerois mieux que nous nous entretinssions de celle dont elle ne parle point ; car je vous avoüe que je voy tant de mauvais galans par le monde qui ne laissent pas de faire d'assez grands progrés dans le cœur de quelques Dames, que si l'on n'y prend garde les veritables Galans ne trouveront plus de cœur à conquerir ; c'est pourquoy je voudrois bien qu'on pût décrier la mauvaise galanterie. Il faudroit donc aussi, reprit Artemire , establir des regles pour la belle qui s'accomode avec la vertu, car il ne serviroit de rien de blâmer l'une si l'on ne regloit

pas l'autre. Pour moy, repliqua Cleonice, qui suis ennemie declarée de tous les mauvais Galans, & qui ayme naturellement l'air galant en toutes choses, je serois ravie que
l'on fist une semblable conversation si nous n'estions pas
dans ma Maison ; mais à vous
dire la verité, ajoûta-t'elle en
soûriant, je ne veux point
qu'on aille dire que nous nous
sommes assemblez pour faire
des Loix pour l'amour. Pour
moy, reprit Lisandre, je sçay
bien que je ne parleray d'aujourd'huy d'autre chose. Et en
mon particulier, dit Timante,
je ne pense pas que je puisse
trouver rien à dire sur un autre sujet, car il est en effet si

agreable, qu'il feroit difficile
de le changér en mieux. Il eſt
meſme ſi neceſſaire, dit alors
Damon, que je ne ſçay de-
quoy nous parlerions ſi on
n'en parloit pas. En effet, repliqua Liſandre, nous avons
dit toutes les nouvelles que
nous ſçavions, nous avons
loüé la beauté du lieu où nous
ſommes, & nous avons parlé
preſque de toutes choſes; ſi
bien qu'il n'y a rien à faire,
dit-il à Cleonice, ſinon que
vous enduriez qu'on vous loüe,
ou que vous ſouffriez que nous
parlions d'air galant & de galanterie tant qu'il nous plaira.
Je vous aſſure, reprit-elle, que
j'ayme encore mieux que vous
parliez de galanterie en gene-

ral que de me loüer en particulier. Parlons en donc tout le
reſte du jour, repliqua Liſandre, car dans la diſpoſition ou
eſt mon ame aujourd'huy, il
me ſemble que j'auray preſqu'autant d'eſprit que vous en
avez lors que vous eſtes en vos
moins admirables jours. Si
vous n'en aviez jamais davantage, reprit Cleonice, vous ſeriez moins galant que vous
n'eſtes. Mais encore, dit la
belle Artemire à Cleonice, dites nous un peu je vous en con-
jure ce que vous avez fait &
ce que vous faites pour eſtre
la plus galante perſonne du
monde ; je n'entends pas, dit-
elle en ſouſriant, quand je parle ainſi, vous accuſer de faire

galanterie, cela feroit trop é-
loigné de la verité ; mais j'entends effectivement vous loüer
de ce que vous ne faites pas
une action, ny ne dites pas une
parole qui n'ait un air galant.
Quoy que je n'aye pas affez de
vanité pour croire de moy ce
que vous en dites, reprit Cleonice, je ne laiffe pas de croire
que je connois affez bien en
autruy ce que vous voulez fçavoir, & que je fais un difcernement affez jufte de cette efpece de galanterie fans amour,
qui fe mefle mefme quelques-
fois aux chofes les plus ferieu-
fes, & qui donne un charme
inexplicable à tout ce que l'on
fait, ou à tout ce que l'on dit.
Cependant cet air galant dont

j'entends parler , ne confiste
point precifément à avoir beaucoup d'efprit, beaucoup de jugement , beaucoup de fçavoir,
& c'eft quelque chofe de fi particulier & de fi difficile à acquerir quand on ne l'a point
naturellement, qu'on ne fçauroit où le prendre ny où le
chercher. Car enfin , ajoûta-
t'elle , je connois un homme
que toute la Compagnie connoît auffi , qui eft bien fait ,
qui a de l'efprit , qui eft magnifique en train , en meubles
& en habillemens , qui eft propre , qui parle judicieufement
& jufte , qui de plus fait ce
qu'il peut pour avoir l'air galant , & qui cependant eft le
moins galant de tous les hom-

mes , parce qu'il a un air contraint à tout ce qu'il fait & à
tout ce qu'il dit. Mais qu'eſt-
ce donc , dit Beliſe , que cet
air galant qui plaiſt ſi fort.
C'eſt je ne ſçay quoy , reprit
Cleonice , qui n'aiſt de cent
choſes differentes ; car enfin
je ſuis perſuadée qu'il faut que
la nature mette du moins dans
l'eſprit & dans la perſonne de
ceux qui doivent avoir l'air galant , une certaine diſpoſition
à le recevoir. Il faut de plus
que le grand commerce du
monde choiſi & du monde de
la Cour , aide encore à le donner , & il faut auſſi que la converſation des Dames le donne
aux hommes , car je ſoutiens
qu'il n'y en a jamais eu qui ait

eu l'air galant qui ait fuy les perſonnes de mon Sexe ; & ſi j'oſe dire tout ce que je penſe, je diray encore qu'il faut meſ-me qu'un honneſte homme ait eu du moins une fois en ſa vie quelque legere inclination, s'il veut avoir parfaitement l'air galant ; car enfin le deſir de plaire ſert beaucoup à le faire acquerir. Mais prenez garde de ne vous engager pas trop, reprit Beliſe , en diſant ce que vous dites. En effet, ajoûta Da-mon en ſouſriant , je trouve que Beliſe a raiſon de parler comme elle fait, car s'il eſt ne-ceſſaire d'avoir aymé quelque choſe pour avoir l'air galant, il s'enſuit qu'une Dame qui a cet air ſouverainement , doit

avoir plus aymé qu'une autre.
Nullement, repliqua Cleonice, car dans le mefme temps
que je foutiens que pour faire
qu'un honnefte homme ait l'air
tout à fait galant , il faut qu'il
ait eu le cœur un peu engagé;
je foutiens auffi que pour faire qu'une Dame ait ce mefme
air , il fuffit qu'elle ait receu
une difpofition favorable de
la nature , qu'elle ait veu le
monde , qu'elle ait fceu diftinguer les honneftes gens , &
qu'elle ait eu deffein de plaire
en general fans aymer rien en
particulier. Aprés tout, dit la
belle Clarice , il me femble
qu'on abufe un peu trop du
mot de galant ; car je trouve
bon qu'on dife cela eft penfé

galamment , cela eſt dit d'une
maniere galante , & mille autres choſes ſemblables où l'eſprit a ſa part ; mais je ne ſçay
s'il eſt auſſi bien de dire cet
habit eſt galant , ou cet homme eſt galamment habillé.
Pour moy , dit Liſandre , je
n'en ferois pas de difficulté ;
car enfin c'eſt cet air galant
que Cleonice a dans l'eſprit &
en toute ſa perſonne , qui fait
que l'habillement qu'elle porte aujourd'huy luy ſied ſi bien,
& cela eſt tellement vray qu'on
voit des Dames au Bal qui ſont
admirablement parées , qui
ſont tres mal en comparaiſon
de la ſimplicité de cet habillement , qui ne tire ſa galanterie que de celle de la perſon-

ne qui le porte, & qui l'a ima-
giné auffi agreable qu'il eft. En
mon particulier, ajoûta Cleonice, je croy qu'on peut mettre l'air galant à tout, & qu'on
le peut mefme conferver juf-
qu'à la fin de fa vie fans bleffer la bienfeance ; mais à dire
la verité, & à parler de l'air
galant en general cette efpece
de galanterie eft affurément
fille de l'autre, & il faut du
moins avoir fouhaitté de plaire pour l'acquerir. Ce n'eft
pas, comme je l'ay déja dit,
qu'il ne faille plufieurs chofes
pour cela, & il y a mefme des
perfonnes qui font nées avec
de grandes qualités qui ne le
fçauroient avoir. Cependant
c'eft un malheur de ne l'avoir

pas, car il eſt vray qu'il n'y a
point d'agrément plus grand
dans l'eſprit que ce tour galant & naturel, qui ſçait mettre je ne ſçay quoy qui plaît
aux choſes les moins capables
de plaire, & qui meſle dans
les entretiens les plus com-
muns un charme ſecret qui ſa-
tisfait & qui divertit : Enfin ce
je ne ſçay quoy galant qui eſt
repandu en toute la perſonne
qui le poſſede, ſoit en ſon eſprit, en ſes paroles, en ſes actions, ou meſme en ſes habillemens, eſt ce qui acheve les
honneſtes gens, ce qui les rend
aymables, & ce qui les fait aymer. En effet il y a une maniere de dire les choſes qui leur
donne un nouveau prix, & il

eſt conſtamment vray que ceux
qui ont un tour galant dans
l'eſprit, peuvent ſouvent dire
ce que les autres n'oſeroient
ſeulement penſer. Mais ſelon
moy l'air galant de la converſation conſiſte principalement
à penſer les choſes d'une maniere delicate, aiſée & naturelle ; à pencher plutoſt vers la
douceur & vers l'enjoüment,
que vers le ſerieux & le bruſ-
que, & à parler enfin facilement, & en termes propres
de toutes choſes ſans affectation. Il faut meſme avoir dans
l'eſprit je ne ſçay quoy d'inſi-
nuant & de flateur pour char-
mer l'eſprit des autres, & ſi je
pouvois bien exprimer ce que
je comprends, je vous ferois

avoüer que l'on ne sçauroit ê-
tre tout à fait aymable sans a-
voir l'air galant. Il est vray,
reprit Damon, que sans cela il
est difficile de plaire ; mais il
faut avoüer aussi, que ceux
à qui il est absolument necessaire, sont ceux qui font profession de faire galanterie. Il
est certain, repliqua Cleonice,
qu'un amant qui n'a point l'air
galant est une pitoyable chose. Et ce qu'il y a de plus fâ-
cheux, ajoûta-t'elle, c'est qu'il
y a un nombre infiny de ces
jeunes gens, qui ne font qu'entrer dans le monde qui croyent
que toute la galanterie ne consiste qu'à se haster de prendre les plus bizarres modes
que le caprice des autres in-

vente, qu'à s'empreſſer fort,
qu'à eſtre hardis, qu'à parler
beaucoup, & qu'à aller continuellement dans toutes les
Maiſons dont les portes ſont
ouvertes, pour ne dire que des
bagatelles qui ne ſont ny galantes, ny paſſionnées, ny ſpi-
rituelles. Il y en a encore, repliqua Artemire, qui croyent
eſtre fort galans, pourvû qu'ils
voyent toutes les femmes galantes d'une ville, & qui paſſent en effet toute leur vie à ê-
tre de toutes les parties qui ſe
font, pour avoir ſeulement le
plaiſir de dire j'eſtois hier avec
celles cy, je menay l'autre jour
celles-là, je donnay les Vio-
lons à une telle, je fis une petite feſte pour Cleonice & ſes

Amies', je fus avec d'autres Dames le jour fuivant , & ainfi du refte. Ceux que vous dites ne font fans doute pas de trop bons galans , repliqua Cleonice , & ils ont affurément peu d'efprit & beaucoup de foibleffe ; mais je crains bien davantage ces grands difeurs de douceurs qui font les languiffants éternels , qui en veulent aux yeux bleus , aux yeux noirs avec une égale ardeur, & qui penferoient eftre déshonnorez s'ils avoient efté un jour avec une Dame fans avoir foupiré auprés d'elle , car en mon particulier je ne les puis endurer , & je fuis fi perfuadée qu'ils ont dit mille fois tout ce qu'ils difent , que je ne puis ny

les

les écouter ny leur répondre.
J'avouë que ces soûpireurs uni-
versels sont d'étranges gens,
repliqua Lisandre ; mais nous
connoissons quelques autres
Amans brusques & fiers qui
ne sont pas trop agreables, &
toute la Compagnie en connoît un qui aime une trés-bel-
le personne, qui luy jure continuellement de toutes les manieres dont on peut jurer, qu'il
l'aime plus qu'aucun n'a jamais aimé, qu'il mourroit
pour la servir, & qu'il feroit mourir tous ceux qui oseroient luy déplaire : il croit
mesme qu'il suffit pour avoir
droit de luy demander de grandes recompenses, qu'il luy of-
fre toûjours de tuer quelqu'un

pour son service. Celuy-là est si brutal, répliqua Artemire, qu'il ne merite pas qu'on en parle ; mais je voudrois bien sçavoir ce que je dois penser de certains galans enjoüez qui ne parlent jamais d'amour qu'en raillant, & qui en parlent pourtant toûjours, & qui sans estre ny Coquets ny Amans, vont de Ruelle en Ruelle distribuer leur galanterie enjoûée, sans avoir nul dessein formé. Comme ces gens-là ne tardent jamais long-temps en un lieu, reprit Cleonice, ils ne m'incommodent pas trop quand je les rencontre, & il y en a mesme qui me divertissent ; mais ceux qui me mettent en colere sont les veritables Coquets, qui embarraffent dix ou douze intrigues fans avoir aucun amour, & qui fe font cent affaires fans en avoir une feule. Je vous affure, repliqua Artemire, que ces Amans opiniaftres qui font toûjours en chagrin ne font pas trop divertiffans pour leurs Amies ny pour leurs Amis, & j'en connois un qui eft toûjours fi fombre, que toutes les fois que je le voy je m'imagine qu'il eft jaloux, qu'il cherche à tuer fon Rival, ou qu'il fonge à l'empoifonner. Il eft fans doute quelques Amans opiniaftres qui font affez fafcheux, dit Artemire. Mais encore, dit Timante, eft-il poffible que vous ne trouviez que

du mal à dire de la galanterie
& des Galans. En verité, reprit Cleonice, il est plus aisé
d'en dire du mal que du bien, vû
le grand nombre de gens qui
se meslent d'une chose qu'ils
n'entendent pas ; cependant il
est certain que si les Dames
en general sçavoient bien mé-
nager tous leurs avantages, il
seroit possible d'introduire
dans le monde une galanterie
si spirituelle, si agreable, &
si innocente tout ensemble,
qu'elle ne choqueroit ny la
bien-seance ny la vertu. En effet si les Dames ne vouloient
devoir leurs Amans qu'à leur
propre merite, sans les devoir
à leurs soins & à leurs faveurs,
la conqueste de leur cœur

estant plus difficile à faire , les hommes seroient plus complaisans , plus soumis & plus respectueux qu'ils ne sont , & les femmes seroient aussi moins interessées , moins lasches , moins fourbes & moins foibles qu'on ne les voit. De sorte que chacun estant à sa place , c'est à-dire les Maistresses estant les Maistresses & les Esclaves les Esclaves , tous les plaisirs reviendroient en foule dans le monde , la politesse y regneroit , l'air galant la suivroit presque toûjours , la veritable galanterie se reverroit en son plus grand éclat , & nous ne verrions pas tous les jours comme nous le voyons des hommes parler des femmes

en general avec un si grand mépris , ny se vanter si publique-
ment de leurs faveurs. Nous
ne verrions pas non plus tant
de femmes renoncer à la scru-
puleuse pudeur , quoy qu'elle
leur soit si necessaire , & quoy
qu'elle soit mesme le charme
de la belle galanterie : nous ne
verrions pas , dis-je , des Dames s'entrequereller à qui aura un Amant ; s'entre-déchi-
rer en parlant les unes des autres ; ny vendre leur cœur par
un sentiment d'interest comme s'il estoit de diamans. Car
enfin si la galanterie peut-être
quelques-fois permise , il faut
qu'on ne puisse rien reprocher
à ceux qui s'en meslent que de
ne pouvoir s'empescher d'ay-

mer autruy plus que foy mefme. Mais pour revenir à l'air galant, dit Damon, fe mefle-il à toutes chofes, le peut-on trouver à la chaffe, & parmy les Chaffeurs ? N'en doutez nullement, dit Cleonice, & fi un grand Prince fait une partie de Chaffe où les Dames fe trouvent, elles reffemblent à des Nimphes de Diane, & les hommes ne laiffent pas d'avoir l'air galant en chaffant ; mais pour faire voir que c'eft le monde qui contribuë à le donner, regardez un homme de Campagne qui ne fera que Chaffeur, & qui n'aura jamais quitté fa Maifon, il aura pour l'ordinaire l'air groffier & ruftique, & fçaura mieux prendre des Cerfs que

gagner des cœurs.)Mais l'air
dont je parle se trouve mesme
à la guerre ,(& l'on peut s'en
appercevoir dans ces grandes
& belles Reveües qu'on voit
quelques-fois ; &\quand le Roy
donne ses Ordres il les donne
de si bonne grace, que cet air
galant dont je parle paroît a-
vec éclat en toute sa personne,
& en toutes ses actions, sans
luy oster rien de cette Majesté
& de cet air heroïque qui le
suit par tout.\ Prenez garde,
ajoûta-t'elle à la differente maniere de saluër de tous les Officiers, quand les Troupes défi-
lent en sa presence, & vous verrez la notable difference qu'il y
a de ceux qui ont l'air galant, à
ceux qui ne l'ont pas. Mais
puisque

puifque vous mettez l'air galant
à la Chaffe & à la Guerre, interrompit Damon, le mettrez
vous parmy les Orateurs qui
enfeignent la vertu dans nos
Temples, parmy les Magif-
trats qui rendent la Juftice,
ou parmy ceux qui plaident
pour la deffendre? Pour ceux
qui parlent dans nos Temples,
dit Cleonice, je leur interdis
l'air galant dont nous venons
de parler; mais je fubftituë à
la place un air de bonne grace
& de dignité, fans nulle affectation; une modeftie accompagnée de force, qui donne
de l'efperance ou de la crainte,
felon les fujets dont il s'agit;
je leur fubftituë, dis je, un air
d'authorité fans contrainte,

une action narurelle, un son de
voix persuasif sans langueur &
sans trop de violence , & tout
ce que je leur desire, est plutôt
un air noble & naturel qui per-
suade la vertu , qu'un air galant qui ne fait que plaire.
Pour les Magistrats je leur demande un air de dignité , sur
tout aux lieux où ils rendent
la Justice , sans leur interdire
un air de politesse , d'humanité & de douceur qu'ils doivent
avoir pour tout le monde. Mais
pour ceux qui deffendent les
causes dont ils sont chargés ,
ils doivent avoir bon air, bonne grace , & si l'air galant n'est
pas en leur personne , il peut
& doit se trouver en leur discours selon les sujets qu'ils

traittent, & l'air agreable doit
toûjours estre inseparable de
l'éloquence. En un mot, cet air
conduit par le jugement se va_
rie selon les occasions : de sor_
te qu'on pourroit peut - estre
dire que l'air galant doit estre
par tout proportionné à ce
qu'on est & à ce qu'on fait ; &
que comme l'air que nous res_
pirons rend des sons differens
dans les Orgues, dans les Trom-
pettes & dans les Hautsbois,
cet air galant qui n'est à pro_
prement parler qu'un air de
bien-seance naturel & agreable, doit toûjours se trouver
par tout selon la profession des
personnes, leur qualité & leur
âge. Et pour donner une idée
d'une Cour galante, j'en vou-

drois prendre le modelle dans
un Livre que je vois fur la table de mon Cabinet, en difant
cela, Cleonice fe le fit appor-
ter, & leut ce qui fuit, qui eft
dans un Roman que tout le
monde connoift.

*Vous fçaurez donc que graces
au Ciel la vertu d'une grande Reine qui vivoit il y a prés d'un Siecle, reftablit tous les Temples de
Venus Uranie, fit abattre prefque tous ceux de Venus Anadio-
mene, abolit toutes les dangereu-
fes coûtumes qui s'eftoient intro-
duites en Chypre, & ne laiffa parmy nous que des fentimens tres-
purs de cette paffion, qui eft l'ame
de l'Vnivers, & qui feule entretient parmy les hommes la dou-*

ceur de la societé civile. L'on
nous apprend donc qu'il faut aymer noſtre Deeſſe, qu'il faut aymer nos Rois & noſtre Patrie,
qu'il faut aymer nos Citoyens,
qu'il faut aymer nos Peres,
& tous nos proches en ge-
neral, & qu'aprés tout cela il
faut nous aymer nous meſmes, afin
de ne rien faire qui nous ſoit honteux. L'on nous dit encore qu'il
faut aymer la gloire, les ſciences
& les beaux Arts, & tous les
plaiſirs innocens, & qu'il faut aymer la vertu preferablement à
tout ce que je viens de dire. Enfin on nous fait comprendre que
qui n'ayme rien ne peut eſtre raiſonnable, & que l'inſenſibilité
pour quelqu'une des choſes que j'ay
nommées eſt un grand deffaut, &

meſme preſque un grand crime ;
vous pouvez donc bien juger que
cette croyance eſtant generale parmy nous , la vie de la Cour
de Chypre ne doit pas eſtre
deſagreable , puiſque tout le
monde ayme tout ce qui eſt aymable. Mais ſelon les preceptes de
Venus Uranie, les amours permi-
ſes ſont des amours ſi pures , ſi
innocentes , ſi detachées des ſens,
& ſi éloignées du crime , qu'il ſemble qu'elle n'ait permis d'aymer les
autres que pour ſe rendre plus aymable ſoy-meſme , par le ſoin que
l'on apporte à meriter la veritable
gloire , à acquerir la politeſſe , &
à taſcher d'avoir cet air galant &
agreable dans la converſation que
l'amour dont je parle peut ſeul inſ-
pirer. Voilà donc qu'elle eſt pre-

sentement nostre Isle, tous les plaisirs y sont, mais ils y sont innocens ; l'amour en est la passion do-
minante & universelle, mais c'est
une passion qui n'est point incompatible avec la vertu & avec la
modestie, & qui n'empesche pas
qu'il n'y ait plusieurs Amans qui
se plaignent de la rigueur de leurs
Maistresses. Les Festes publiques
y sont tres frequentes, les conversations assez libres & fort spirituel-
les, les jeux de prix fort ordinaires, les Bals tres divertissans, la
Musique infiniment charmante, &
les Dames en general tres aymables & parfaitement vertueuses.

Cleonice ayant achevé de
lire ce petit endroit, se leva &
proposa à la compagnie de s'al-

ler promener sur un grand Ca-
nal qui estoit au de-là d'un Par-
terre, où la compagnie trouva une Barque peinte & dorée,
garnie de Sieges & de Carreaux
fort propres ; ce qui fit assez
connoistre que Cleonice soûtenoit son party quand elle soûtenoit l'air galant, car elle l'a-
voit en toutes choses, & sans
s'amuser à décider la question
dont il s'estoit agi ; toute la
Compagnie convint que son
sentiment devoit estre la regle
de tous les honnestes gens.

CONVERSATION

DU

MENSONGE.

UNE Dame extréme-
ment aymable, &
qui estoit ennemie
declarée du menson-
ge avoit une jeune Amie pleine d'esprit & fort enjoüée, qui
ne le haïssoit pas. Elle fit partie avec elle d'aller voir la maison d'un de ses Amis à la Campagne, deux autres Dames &

deux fort honneſtes gens de
leurs Amis en furent auſſi,
& le Maiſtre de cette Maiſon eſtant preparé à les recevoir depuis aſſez long-temps,
& ſçachant le deſſein de la Dame ennemie du menſonge,
que j'appelleray Beliſe, reçut
cette belle Troupe avec plaiſir. En entrant au Veſtibule
cette Dame fit remarquer à la
jeune Climene, qui s'accom-
modoit mieux du menſonge
qu'elle, une perſpective admirable qui redoubloit le loin-
tain à l'oppoſite de ce Veſtibule de l'autre coſté du Parter-
re, & luy faiſant lever les yeux
vers le haut du Dome, elle crut
qu'il eſtoit à ciel ouvert, tant
les nuës & les rayons du Soleil,

& plufieurs oyfeaux volans ê-
toient bien reprefentés , &
comme cette belle Troupe crut
qu'il feroit affez beau fe promener , ils allerent d'abord
dans les Jardins , où ils trouverent des perfpectives à chaque bout d'allée, & beaucoup
de figures ruftiques reprefen-
tées au naturel en plufieurs endroits d'un bois fort agreable
qui eftoit à la droite du Par-
terre ; comme un Berger qui
joüoit de la Cornemufe avec
un chien auprés de luy , une
Jardiniere avec une Corbeille
de fruits à la main , un Cerf
couché à l'ombre & autres fem-
blables figures qui embelif-
foient fort les endroits où elles
eftoient placées. Les Fontai-

nes mesme estoient redoublées par l'art, de sorte que ce Jardin luy devoit autant qu'à la nature ; cela ne manqua pas de faire dire à Climene, en regardant Belise, que le mensonge estoit quelques fois aussi agreable que la verité. Cependant comme Belise avoit un dessein caché, & que le Soleil se découvroit, elle dit qu'il faisoit encore un peu trop chaud pour se promener, & qu'il falloit s'aller reposer dans la Salle qui estoit fort fraische. Ils furent donc en ce lieu là, & comme c'estoit au commencement du prin-temps que les Orangers ne sont pas encore fleuris, Climene fut fort surprise de voir cette Salle envi-

ronnée d'Orangers & de Jaf-
mins tous couverts de fleurs ar-
tificielles, mais fi bien imitées
qu'elles trompoient les yeux :
on fentoit mefme une odeur
de fleur d'Orange qui aidoit à
les tromper, de forte que Climene triomphoit par tout en
foûtenant à Belize que le menfonge fervoit à tous les plaifirs.
De la Salle ils pafferent dans
la Chambre où des glaces de
Miroirs eftant placées avec art
à l'oppofite de beaux païfages
faifoient un effet merveilleux,
car de par tout on voyoit des
objets trompeurs & divertiffans. Enfuite ils pafferent dans
le Cabinet où le Maiftre de la
Maifon avoit cent curiofitez,
& pour les divertir il leur mon-

tra des Livres de miniatures
admirables ; les unes represen-
toient toutes les belles Tu-
lipes que les curieux de Fleurs
ont euës. Les autres toutes les
belles Coquilles des plus beaux
Cabinets ; & les autres des
Oyseaux, des Papillons, des
Chenilles, & des Mouches
d'Orient ; mais si merveilleu-
sement imitez, que c'estoit la
nature mesme. Il leur fit voir
ensuite une maniere de Païsa-
ge confus sur une toile tenduë
sur un chassis qu'il mit sur la
table ; & ayant mis au milieu
un Cilindre, qui rassemblant
toutes les lignes au point que
la science de l'Optique demande, fit voir à la Compagnie
un Portrait du Roy admirable,

ment reſſemblant. Et bien,
s'écria Climene, en regardant
Beliſe, vous plaindrez-vous encore du menſonge, qui vous
fait voir l'objet de voſtre plus
grande paſſion. Je ne m'en deffend pas, reprit Beliſe, j'ayme
le Roy d'une amour heroïque;
mais on l'aymera dans deux
mille ans, comme l'admirable
Artenice que toute la France
a admirée, aymoit Alexandre,
& comme j'aymois Ceſar &
Auguſte, avant que d'avoir connu que le Roy les ſurpaſſe tous;
& j'ayme d'autant plus ce Heros que je ſçay qu'il ayme ſouverainement la verité, & que
c'eſt ce qui luy fait maintenir
inviolablement les traitez qu'il
a faits, & ſoûtenir la Religion

avec tant de zele , qui est la
verité mesme ; mais entre tous
les mensonges de l'art qui sont
innocens , j'ayme sans doute
ceux qui me montrent le Roy
comme fait cette ingenieuse
peinture.

Cet agreable entretien é-
tant finy, le Maistre de la maison proposa d'aller faire Collation , & fit passer la Compagnie dans la mesme Salle des
Orangers ; mais on avoit mis
au milieu une table toute cou-
verte de Corbeilles de fruits
admirables , ornez de feüilles
& de fleurs. En s'en approchant
Climene vit qu'ils estoient de
cire, mais si bien contrefaits,
qu'il n'y eut jamais rien de pareil. Et bien , dit Belise , en
adressant

adreffant la parole à Climene,
ferez vous contente du menfonge en cette occafion ? Si je
ne m'eftois point promenée, repliqua-t'elle, que j'euffe veu ces
fruits contrefaits auffi-toft a-
prés difner, je m'en ferois un
plaifir, mais à l'heure qu'il eft je
me pafferois de ce menfonge là.
Tout le monde rit de la fincerité de Climene , & le Maiftre
de la maifon les faifant paffer
dant un autre lieu, ils y trouverent une Colation effective
& magnifique, fervie avec toute la politeffe poffible, ce qui
fit avoüer à Climene , qu'en
cela la verité eftoit plus agreable que le menfonge.

Tant que le repas dura on
fit la Guerre à Climene de fon

inclination pour le mensonge, & un homme de la Com-
pagnie qui avoit l'esprit a-
greable, luy dit que si on s'a-
commodoit à son humeur, &
qu'on mentist pour luy plaire
en luy parlant d'elle mesme,
il faudroit luy dire qu'elle seroit laide, qu'elle n'avoit point
d'esprit, & qu'on la haïssoit.
Elle entendit fort bien raillerie, & se deffendit agreablement; mais comme Belise vouloit effectivement essayer de
faire haïr le mensonge à son
Amie, elle fit durer cette conversation aprés qu'on fut hors
de table & qu'on eut passé dans
un autre lieu; car comme le
Maistre de la maison secon-
doit Belise qui l'en avoit prié

il dit à Climene qu'il vouloit
luy donner le remede dont il
s'eftoit fervy, & bien trouvé
pour guerir d'un femblable
mal ; & en difant cela il luy
donna une Converfation contre le menfonge admirablement bien écrite à la main, &
bien reliée. Il l'affura que fi elle la lifoit avec attention elle
viendroit à aymer autant la
verité que Belife. Toute la
Compagnie voulut avoir fa
part du remede, la Converfation fuivante fut leuë, & Climene promit à Belife de n'aymer plus le menfonge qu'en
perfpectives & en peinture, &
toute la Compagnie convint
que ce remede feroit bon pour
tout le monde, & pour tous

les Siecles suivans comme pour le noftre.

Dites nous de grace , reprit Plotine , qui eft cet impofteur univerfel dont on parle tant ? C'eft un homme d'affez honnefte naiffance , repliqua Berelife , qui eft de Lylibée , il a paffé fa jeuneffe en Affrique , & il y a fi bien apris à mentir , qu'il luy eft impoffible de s'en empefcher ; en effet je croy pouvoir affurer fans menfonge , qu'il n'a jamais dit nulle verité , fi ce n'eft qu'il ait crû mentir. Cependant comme on vous l'a dit il a de l'efprit , il parle facilement & divertit affez ceux qui ne le connoiffent pas pour menteur, car il dit toûjours des chofes

que perfonne ne fçait. Son
efprit ne s'épuife jamais, &
fe faifant toujours une matiere nouvelle de parler, il
parle toute fa vie, & a mefme
l'art de fe contredire moins que
tous les autres grands menteurs ; cependant comme j'ayme la verité, & que je haïs fort
le menfonge je ne le puis fouffrir, & il ne me vient plus
voir. Pour une heure ou deux,
reprit Anacreon, on s'en divertit, mais j'avoüe qu'à con-
tinuer fa converfation eft in-
fupportable ; car quelque foin
qu'on y prenne, & quelque
refolution qu'on ait faite de
ne le croire point on y eft toûjours attrapé, & il dit les chofes d'un air fi franc, & qui paroift fi ingenu, qu'il peut

tromper toute ſa vie. Ce qu'il
y a de rare , dit Clidamire,
c'eſt qu'on luy a fait une guerre ſi horrible de ſon menſonge à Lylibée, qu'il n'oſe plus y
demeurer , & comme il eſt
perſuadé qu'il eſt impoſſible
de dire toûjours la verité, il eſt
venu icy avec l'intention de
conſulter les ſorts de Preneſte
pour ſçavoir s'il eſt poſſible
qu'il y ait un ſeul homme au
monde qui ſoit toûjours veritable. S'il veut , reprit Amilcar , j'accourciray ſon voyage,
car je luy aſſureray ſans menſonge , que tous les hommes
ne diſent pas toûjours la verité, & que meſme il y en a bien
autant de grands menteurs
que de fort veritables. Pour

moy , dit Herminius , qui fais
une profeſſion particuliere
d'aymer la verité , & de haïr le
menſonge , je voudrois bien
qu'on determinaſt abſolument
qu'il ne faut jamais mentir.
Ah ! pour jamais , s'écria Plotine , je ne le croy pas poſſible,
car enfin il y a de petits menſonges de civilité qu'on ne
peut s'empeſcher de faire , &
dont la bien - ſeance ne veut
pas meſme qu'on s'empeſche.
Il y a auſſi des menſonges de
generoſité , ajoûta Amilcar ,
dont il eſt quelques fois fort
à propos de ſe pouvoir ſervir.
Pour les menſonges plaiſants,
reprit Anacreon , je demande
grace pour eux. Pour moy ,
ajoûta Clidamire , je conſens

qu'on mente pour s'excuſer.
Comme je crains fort la mort,
reprit Flavie , je me contente
qu'on mente quand je ſuis bien
malade , & qu'on me die toûjours que je gueriray , quoy
qu'on ne le croye pas. Pour ce
qui me regarde , dit Valerie,
je ne veux jamais de menſonge , ſi ce n'eſt qu'il ſerve à ſauver la vie à quelqu'un. Pour
mon intereſt , reprit Merigene , j'aurois bien de la peine
à dire le plus petit menſonge
du monde , mais par le com-
mandement d'une Maiſtreſſe
j'avoüe que je pourrois peut-
être mentir. Tout de bon, dit
Bereliſe , il y a plus de menteurs que je ne croyois ? Il y
en a même, reprit Emile , qui
le

le font fans le penfer être ;
mais puifque nous fommes en
humeur de dire la verité, reprit Plotine, de grace établif-
fons des loix qui puiffent nous
bien inftuire jufques où il eft
permis de mentir. Je vous a-
vouë, dit Herminius, que je
croy qu'il faut toûjours avoir
un deffein general de ne mentir jamais , & qu'il ne faut
point fe faire une habitude de
ces petits menfonges qui ne
font peur à perfonne , & où
l'on s'accouftume infenfible-
ment ; car enfin comme il n'y
a point de mauvaife habitude
fi facile à prendre que le menfonge, ny qui puiffe eftre plus
fouvent tres commode, il faut
s'en empefcher le plus qu'on

peut , & il faut toûjours regarder le menfonge comme
une chofe lafche, baffe, foible
& infame , qui fait voir qu'on
craint moins les Dieux que les
hommes. Mais il faut au contraire regarder la verité comme l'ame de la probité , s'il
faut ainfi dire ; & comme il
n'y a prefque que la parole qui
diftingue les hommes d'avec
les animaux , puifque c'eft l'i-
mage de leur raifon , fi on la
falcifie on fe rend indigne d'ê-
tre homme. Les beftes , à la
referve de ces redoutables
Monftres qui naiffent fur les
bords du Nil, n'ont point de
cris trompeurs , & il n'y a que
l'homme dont la malignité
pervertiffe l'ufage de la voix.

Cependant la verité est le bien universel qui maintient l'ordre dans l'Univers , c'est sur elle que se fonde la foy publique, le droit des gens , & la justice. Elle preside à l'amour , à l'amitié , sans elle tout ne seroit que confusion , tous les hommes seroient des fourbes, des lasches & des imposteurs , & il n'y auroit ny honneur ny plaisir au monde si la verité en estoit bannie. Y a t'il rien plus incommode qu'un Esclave menteur, qui vous assure qu'il a fait ce que vous luy avez dit lors qu'il n'y a pas pensé ? & je confesse à la honte de ma raison que je dois en partie la haine que j'ay pour le mensonge à un Es-

clave menteur que j'ay eu, qui
m'a cent fois penſé faire perdre patience, & troublé l'ordre de mes affaires par ſes
menſonges continuels ; car il
portoit la choſe ſi loin, qu'il
aymoit quelques-fois autant
s'accuſer en mentant, que de
ſe juſtifier en diſant la verité.
Mais pour en revenir où j'en
eſtois, y a-t'il rien de plus in-
ſuportable qu'un Artiſan qui
vous promet ce que vous luy
avez commandé, & qui vous
trompe continuellement ? Y a-
t'il rien de plus faſcheux que
ces gens, qui par des paroles favorables font eſperer mille graces qu'ils ont reſolu de
ne faire point ? Y a-t'il rien
plus cruel que de découvrir

qu'un Amy que vous aymez
ne vous a pas dit la verité lors
qu'il vous a dit qu'il vous aymoit plus que tout le reste du
monde ? Et y a-t'il quelque
chose de plus insuportable que
d'avoir une Maîtresse qui vous
jure de n'aymer que vous, &
qui cependant en ayme plusieurs, ou pour mieux dire n'en
ayme aucun ; car une amour
partagée n'est point amour ? Le
mensonge sert à la dissimulation, à la fourbe, à la perfi-
die, à la lascheté, & presque
à tous les crimes, & il y a même de la foiblesse à s'en servir. En effet on s'expose à com-
mettre continuellement un crime qu'on ne commet jamais
qu'en public, & qu'en s'expo-

ſanr à en pouvoir eſtre convaincu. Enfin mentir pour rien
eſt une folie , & mentir par intereſt eſt un grand crime ,
puiſqu'il n'y a aſſurément rien
de ſi oppoſé aux Dieux que le
menſonge ; eux dis-je qui ſont
ſi veritables en toutes choſes.
Et puis ne voit on pas que la
recherche de la verité eſt l'objet univerſel de tous les hommes , & particulierement des
ſages ? Ce que je trouve encore de plus dangereux au
menſonge , reprit Merige-
ne , c'eſt que c'eſt un poiſon
qui ſe communique promptement, & dont on ne peut preſque plus arreſter l'effet ; car
lors que l'on a dit un menſonge en une compagnie , tous

ceux qui l'ont entendu mentent aprés de bonne foy , &
font mentir tous ceux à
qui ils diſent ce qu'on leur
a dit ; de ſorte qu'Herminius a raiſon de condamner
le menſonge autant qu'il fait.
Pour tous les grands menſonges , reprit Amilcar , je croy
qu'il n'y a perſonne qui puiſſe
ſoûtenir qu'il en faille jamais
faire. Je condamne meſme les
mediocres , ajoûta Plotine ,
(mais pour ces petits qui ſont
en uſage par le monde , je penſe qu'il eſt bien difficile de s'en
pouvoir paſſer. Pour moy , dit
Herminius , je les condamne
tous ; j'en puis pourtant peut-
eſtre pardonner quelques-uns,
mais ſi j'eſtois crû , on n'en per-

mettroit point. Encore faut-il, dit Plotine, que je m'inſtruiſe pleinement ſur cet article-là, & que je faſſe des queſtions à la Compagnie qui m'enſei- gnent & me corrigent pour l'avenir. Premierement, dit Herminius, il ne faut aſſuré- ment jamais faire ny grand ny petit menſonge qui puiſſe nui- re à qui que ce ſoit ; car puiſ- que la juſtice & la generoſité ne veulent pas qu'on puiſſe dire les veritez nuiſibles, elles n'ont garde de permettre les menſonges deſavantageux. Ce que vous dites me ſemble ſi équitable & ſi genereux, que je ne le veux pas contredire, repliqua Plotine, mais du moins permettrez-vous ces

menfonges officieux qui vont
à l'utilité de nos Amis, ou qui
fervent à cacher leurs deffauts.
J'ayme fort mes Amis, reprit
Herminius, & j'ay beaucoup
de joye lors que je leur puis
rendre office, mais fi je ne les
pouvois fervir qu'en mentant
je ferois fort embarraffé. Vous
me laifferiez donc mourir pour
un menfonge, reprit Valerie
en foufriant. Je fens bien que
je ne le pourrois pas, reprit
Herminius, mais j'avoüe que
j'aurois beaucoup de dépit de
vous fauver la vie par une voye
fi peu glorieufe; car enfin tout
menfonge eft un mal, & tout
ce que je puis faire en faveur
des menfonges officieux, c'eft
de les trouver excufables en

de certaines occasions. Mais quand le mensonge ne nuit à personne & sert à quelqu'un, reprit Amilcar, n'est-il pas innocent? Le mensonge, repliqua Herminius, ne peut jamais manquer de nuire à celuy qui ment, quand mesme il ne nuiroit à nul autre, & qu'il seroit seul à sçavoir son mensonge, puisqu'il le rend moins vertueux, & tout ce qu'on peut dire est que pour empescher un Amy de tomber dans un grand malheur, l'amitié pourroit l'emporter sur la verité; mais pour ce qui me regarde, je vous avouë que j'aurois peine à me garentir d'un fort grand mal par un mensonge. A n'en mentir pas, reprit Plotine, ma generofité ne va pas fi loin que la voftre, car fi je mentois pour autruy, je penfe que je mentirois auffi pour moy-mefme. J'en dis autant que vous, reprit Amilcar. Ce qu'Herminius dit eft pourtant fort beau & fort genereux, repliqua Merigene, car je trouve qu'il eft honteux de mentir pour foy-mefme en une femblable occafion, & qu'il vaudroit mieux fouffrir le mal dont on ferois menacé, que de l'éviter par une femblable voye; ainfi je conclus qu'on pourroit mentir pour fauver la vie ou la liberté à un Amy; mais qu'il ne faut jamais mentir pour fes propres interefts. Je foûtiens même, reprit Her-

minius que le menſonge eſt
toûjours un mal, & que lors
meſme qu'on mentiroit pour
ſauver la vie à ſon Amy, il
faudroit mentir avec repugnance, & avec chagrin, parce
qu'enfin tout menſonge eſt indigne d'un homme d'honneur.
Au reſte il ne faut pas qu'on
s'imagine qu'il n'y ait que d'u-
ne ſorte de menteurs, puiſqu'il
y en a de cent eſpeces differentes. En effet c'eſt ſouvent
faire un menſonge que de taire une verité qu'il ſeroit à propos de dire ; & la diſſimula-
tion eſt une ſuite ſi dangereuſe du menſonge, qu'on les peut
confondre l'un avec l'autre.
J'avoüe, dit Plotine, que quelques fois j'euſſe pû juſtifier

certaines perfonnes fi j'euffe
voulu dire ce que je fçavois;
mais le moyen de s'aller op-
pofer directement à ce que
des gens difent affirmative-
ment ; principalement quand
ce qu'ils difent ne regarde que
des perfonnes indifferentes, &
qu'on ne les accufe pas de
grands crimes ? Mais pourquoy
voulez-vous par voftre filence,
repliqua Valerie, vous char-
ger du menfonge que vous ne
dites pas ? cependant fi vous
le pouvez détruire vous en
eftes coupable, & je conçoy
fort bien qu'Herminius à raifon lors qu'il dit qu'il y a plufieurs efpeces de menteries;
car il y a des menfonges d'action auffi bien que de parole,

des regards trompeurs , des
fousris diffimulez , & mefme
un filence menteur. | Valerie à
raifon , dit Anacreon , & je
penfe mefme qu'il y a des civilitez menfongeres , & mefme de bons offices menteurs ;
car on fert quelques-fois des
perfonnes que l'on hait parce
que l'on en a befoin en quelque chofe. On en fert par
crainte & par foiblefle, & l'on
fait quelques - fois femblant
d'eftre bien aife de voir des
gens qui importunent eftran-
gement. Je vous affure , reprit
Berelife , que Clidamire eft la
perfonne du monde qui a le
plus de cette civilité menfon-
gere dont vous parlez , car il
n'y a pas trois jours qu'une

jeune Efclave luy vint dire
qu'il y avoit un homme qui
demandoit à la voir, à peine
l'eût-elle nommé que Clidamire rougit de colere de ce
qu'elle ne luy avoit pas dit
qu'elle n'y eftoit point. Elle
chercha alors toutes les voyes
poffibles pour faire qu'il ne fît
pas fa vifite longue, elle donna ordre qu'un quart d'heure
aprés qu'il feroit entré on luy
vint dire qu'on l'attendoit,
aprés quoy changeant de vifage, d'action & de difcours,
on peut dire qu'elle mentit de
toutes les manieres qu'on peut
mentir en recevant cet homme; car elle le receut avec un
foufris obligeant, elle le fit
affeoir avec toute la civilité

imaginable , elle commençá de l'entretenir d'un certain air que je fuis affurée que ce pauvre homme crut qu'il pafferoit toute l'aprefdinée auprés d'elle , & qu'il luy faifoit le plus grand plaifir du monde de la voir ; cependant il eft certain qu'il l'importunoit extrémement. Je l'avoüe , dit Clidamire , mais comment pourroit-on dire aux importuns qu'ils importunent ? Il y auroit de l'inhumanité à le leur dire , repliqua Berelife ; mais il ne faudroit pas du moins leur faire une mine fi menteufe , & il faudroit fe contenter d'avoir d'une certaine civilité froide qui n'offenfe point , qui ne trahit pas , & qui n'attire

pas

pas les gens qui incomodent.
Mais tout le monde n'en ufe-
t'il pas ainfi, répondit Clidamire ? En mon particulier, dit
Valerie, je ne le pourrois pas.
Pour moy, dit Plotine, je con-
feffe ingenument que je puis
quelques fois mentir de cette
forte, mais non pas tout-à-fait
tant que Clidamire ; car ceux
qui connoiffent bien mes regards & mes foufris, voyent
bien quand ils font menteurs
ou finceres. Tout de bon, dit
Amilcar, vous ne m'y trom-
periez pas. Mais encore voudrois je bien fçavoir, dit Plotine, fi Herminius qui ayme
tant la verité ne fait pas des
complimens comme un autre ;
Cependant à parler fincere-

ment tous les complimens font
des menfonges. J'en tombe
d'accord, reprit Herminius ;
mais comme ils font connus
pour tels, & qu'il n'y a perfonne qui faffe nul fondement
folide fur des complimens, ce
font des menfonges fans malignité. On fçait bien qu'on ne
fera pas crû pofitivement, on
les rend comme on les reçoit,
& je m'accommode à l'ufage
fans fcrupule, avec cette moderation toutes-fois, que j'en
faits le moins que je puis.
Mais pour les menfonges plai-
fants, reprit Anacreon, vous
ne les condamnez pas non
plus, & quand je voudray faire un conte agreable vous me
permettrez d'ajouter quelque

chofe à l'Hiftoire , car pour
l'ordinaire la verité a toûjours
je ne fçay quoy de ferieux qui
ne divertit pas tant que le
menfonge. Ah pour cela , dit
Herminius , je croy qu'il peut
eftre permis , car comme on
ne croit non plus les contes
que les complimens , je laiffe
la liberté à voftre imagination
d'inventer ce qu'il luy plaira ,
auffi bien eft-ce proprement à
vous à joüir du privilege de
mentir innocemment. En effet
à parler avec fincerité il n'y a
point de menfonges innocens
que ceux que l'on donne pour
menfonges, c'eft-à-dire toutes
ces ingenieufes fables des Poëtes ; encore faut-il qu'elles
ayent l'apparence de la verité ,

tant il est vray que le mensonge est laid de luy-mesme. Il y
a pourtant d'une espece de
menterie, reprit Amilcar, qui
est compagne inseparable de
la vanité, dont je serois bien
marry qu'il n'y eût point par
le monde, car les menteurs
qui s'en servent me divertissent quelques-fois assez. Et de
quels menteurs voulez-vous
parler ? reprit Plotine. Je parle de ceux, repliqua Amilcar,
qui se loüent eux mesmes chacun selon son inclination ; car il
y a des gens qui ont la foiblesse
de vouloir qu'on croye qu'ils
ont plus de credit qu'ils n'en
ont, & qui disent cent mensonges pour le faire croire. Il
y a de faux braves qui font de

longs recits d'occafions dan-
gereufes, où ils ne fe font jamais trouvez; il y a de ces galans qui font les gens à bonne fortune, qui paffent les
nuits à inventer des avantures
amoureufes, & les journées à
les raconter comme leur eftant
arrivées. Je connois de ces
gens-là auffi bien que vous,
reprit Plotine, & j'en connois
encore d'autres auffi foux; car
je connois un homme qui a
l'audace de dire qu'il vient en
droite ligne de Danaé, & cependant on fçait qu'il eft de
tres baffe naiffance; il a pourtant fait une longue Genealo-
gie dont il importune ceux qui
le veulent écouter. Ah! pour
pour les menteurs de Genea-

logie , reprit Anacreon , ils
m'incommodent affez , auffi-
bien que ces gens qui veulent
faire les riches , & qui croyent
s'empefcher d'eftre pauvres en
mentant , & d'autres encore
qui font femblant de n'avoir
point de bien , de peur d'affif-
ter leurs Amis qui n'en ont
pas. Je vous affure, reprit Emile , que je connois des gens
fort riches qui mentent auffi
ridiculement que ceux-là , car
ils ont dans la fantaifie de faire croire que tout ce qui eft à
eux eft plus cher qu'il n'eft,
& ils font cent menfonges ex-
travagants pour publier leur
fauffe magnificence. Il y a auffi , dit Merigene , des gens
qui ont la hardieffe de dire

qu'ils ont donné des chofes
qu'il ne feroit pas bien fouvent en leur puiffance de donner. Je connois encore d'autres menteurs qui font affez
bizarres , ajoûta Anacreon,
j'entens parler de ces gens qui
aprés avoir efté pouffez par
quelqu'un fans trouver rien à
leur dire , font les plus belles
reponfes du monde quand ils
font chez eux ; & ce qu'il y a
de rare , c'eft qu'ils les redi-
fent aprés comme les ayant
faites fur le champ. Il y en a
auffi , ajoûta Clidamire , qui
ont la folie de dire que des
gens de qualité leur écrivent
& les vont voir , quoy qu'ils
n'y ayent pas penfé. Cela veut
dire enfin , reprit Herminius ,

qu'il y a bien des fous & des menteurs par le monde , & que j'ay raison de haïr fort le mensonge. Ceux qui mentent pour nuire à autruy , ajoûta Anacreon , sont plus méchans que ceux qui disent des mensonges pour se loüer ; mais je trouve si ridicule de dire des menteries de vanité , que je sens bien que mon inclination me porteroit plutost à dire quelques mensonges un peu malicieux , qu'à me loüer moy-mesme comme ceux dont on vient de parler. Il y a pourtant des gens qui mentent en se loüant , reprit Amilcar , qui me font quelque pitié parce qu'ils le font de bonne foy , & que croyant plus de bien

d'eux

d'eux qu'il n'y en a , ils mentent innocemment ; mais le
mal eſt pour eux qu'encore
qu'on diſe que pour bien tromper les autres il faut eſtre trompé ſoy-meſme , ils ne perſua-
dent pas leur opinion. De
grace, dit Plotine, dites moy
encore ce que vous penſez de
ceux qui écrivent des billets
doux & menteurs tout enſemble. Je penſe, reprit Herminius , la meſme choſe que de
ceux qui diſent des civilitez
menſongeres. Tout de bon, reprit-elle , aprés avoir reſvé un
moment, ſi on établiſſoit bien
la verité dans le monde, on ne
diroit preſque rien de ce que
l'on y dit. Cela veut dire, reprit Amilcar, que l'on ne doit

pas trop ſe fier à vos paroles.
Pour l'avenir, reprit-elle, je
vous promets d'eſtre la plus
veritable perſonne du monde,
car à parler ſincerement, tout
ce qu'Herminius a dit pour la
verité, & contre le menſonge
m'a ſi fort touchée, que je ne
veux plus du tout mentir· Et
pour vous montrer que j'ay
bien profité de ce qu'il a dit,
je conclus auſſi bien que luy
que tout menſonge eſt un mal,
que s'il eſtoit poſſible, il faudroit ne mentir jamais, qu'il
ſeroit même bon de n'employer
pas le menſonge pour faire
un bien, qu'il eſt moins cri-
minel de mentir pour ſauver
la vie de ſon Amy que la ſien-
ne propre, que les bons offi-

ces menteurs ont de la foibleffe , que la diffimulation eft
une lafcheté , que les civilitez menfongeres font blafma-
bles, que mentir pour fe loüier
eft une chofe ridicule , & que
les complimens font des menfonges fi connus, qu'ils ne font
mal à perfonne. Qu'il y a un
filence menteur qu'il faut éviter, que l'habitude des plus
petits menfonges eft un grand
deffaut, & que les Poëtes font
les feuls menteurs qui meritent d'eftre loüez. Vous avez
fans doute bien profité de la
converfation, dit Valerie, mais
il me femble que l'on pourroit encore demander fi le menfonge n'eft point plus crimi-
nel en écritures qu'en paroles.

N'en doutez nullement, dit Herminius, & je m'estonne que toute la Compagnie ait laissé cela à remarquer à Valerie. En effet ajoûta Anacreon, je trouve que de toutes les manieres dont le mensonge peut paroistre, il n'y en a point de plus criminelle ny de plus basse que celle de certains esprits mediocres, qui n'ayant pour toute force & pour tout genie que leur propre malignité, ne s'occupent qu'à inventer ou qu'à ramasser des faussetez pour en composer des satires. On peut faire sans doute des satires innocentes, poursuivit Merigene, mais il faut que ce soit contre les vices en general, & celles-là ne se servent point du menſonge , & n'employent que la verité ſans bleſſer perſonne en particulier ; mais pour celles qu'on fait contre des gens de merite , le menſonge & la calomnie en ſont inſeparables , elles ſont toutes filles de la haine, ou de l'envie , & ceux qui les font ne pouvant jamais s'empeſcher de mentir, ſont les plus criminels de tous les menteurs. En effet ils entreprennent de fixer le menſonge (s'il eſt permis de parler ainſi) de le rendre immortel s'ils pouvoient , d'impoſer à la poſterité , & d'accuſer des gens lors meſme qu'ils ne ſont plus en eſtat de ſe deffendre. Mais comme les Dieux ſont juſtes , dit Ana-

creon , ceux qui ont le cœur
affez mal-fait pour aymer à faire des fatires de cette efpece , font toûjours haïs & mé-
prifez , mefme de ceux qui
rient le plus de leurs menfonges médifans. Ils font parmy
les hommes ce que font les
Tigres & les Pantheres ; on les
veut voir par curiofité , mais
on ne les veut point avoir chez
foy. On les craint mefme lors
qu'ils fe joüent , on ne peut
jamais fe fier à eux ; & à n'en
mentir pas , on a raifon de ne
vouloir point d'Amis , qui
foient ennemis declarez de la
juftice , de l'humanité , de la
vertu & de la verité. Je voy
bien , dit Valerie , que toute
la Compagnie approuve ce
que vient de dire Anacreon ;

mais je ne ſçay ſi le menſonge ne peut pas eſtre excuſable
en Guerre & en Amour , & ſi
les réponſes équivoques &
ambiguës qui ſemblent tenir
le milieu entre la veriré & le
menſonge peuvent eſtre per-
miſes. Pour les réponſes équivoques , reprit Herminius ,
comme elles ſont filles de l'artifice & de la fineſſe, j'ay grande inclination à les condamner toutes abſolument , ſi ce
n'eſt en certaines occaſions ,
où par bonté l'on veut s'empeſcher de dire des veritez de-
ſavantageuſes à quelqu'un ; encore n'aymerois-je pas à me
trouver contraint de m'en ſervir ; & à parler ſincerement,
il faut toûjours répondre à l'in-

tention de celuy à qui on parle, & non pas songer à le tromper. Pour les mensonges qu'on fait à la Guerre, dit Anacreon, je ne les trouve pas criminels, parce que dés que la Guerre est ouverte, la défiance est dans les deux partis. Je l'avoüe, dit Herminius, mais je suis pourtant assuré qu'il n'y a point de Heros qui voulust faire le personnage d'Espion, & qui par un discours menteur voulust faire vaincre son party sans y prendre autre part que celle du mensonge. Ainsi sans me mesler de juger si en general le mensonge est permis à la Guerre, je dis toûjours hardiment que je ne prendrois jamais la commission d'y men-

tir, & que j'aymerois toûjours
mieux combattre les ennemis
que les tromper. Mais de la
façon dont vous parlez tous,
reprit Plotine, on diroit qu'on
vous feroit une grande injure
de vous accuser d'estre de ces
trois cens conjurateurs dont
Mutius à parlé à Porsenna.
Pour vous épargner la peine
d'en chercher un si grand nombre, dit alors Telane, je vous
assureray que je croy que Mutius estoit seul, & qu'il s'est
servy de ce mensonge pour
porter Porsenna à ce qu'il de-
siroit, car en venant icy il a
dit certaines choses qui ne me
permettent point du tout d'en
douter. Si cela est ainsi, reprit
Plotine, je croy que cette heu-

reuse avanture doit reconcilier le mensonge avec Herminius. Au contraire, repliqua t'il, je le haïray encore davantage ; car bien que je sois fort zelé pour ma Patrie, je vous confesse que je n'aymerois pas à la délivrer par un mensonge ny par un assassinat ; & si j'avois à choisir de l'action d'Horace ou de celle de Mutius, je n'hesiterois pas un moment ; quoyque le succez de la derniere soit encore plus considerable que celuy de l'autre. Mais afin qu'on ne pense pas que je parle comme un envieux, je loüeray Mutius de la constance avec laquelle il a suporté l'ardeur de ce brazier qui luy a bruslé la main, &

du courage qu'il a eu d'entreprendre une choſe , ou vray
ſemblablement il devoit perir;
mais pour le menſonge & pour
l'aſſaſſinat , je vous confeſſe ingenument que je ne puis y
rien trouver qui ne choque
mon inclination ; car ſelon
moy , pour faire qu'une action ſoit touté heroïque ,
il faut non ſeulement que le
motif en ſoit juſte , mais encore que les moyens en ſoient
nobles & innocens. En effet ,
ajoûta Valerie , donnez à l'action de Mutius une cauſe indifferente , il ſera le plus cri-
minel de tous les hommes , &
le plus inconſideré , & on ne
pourra le loüer que d'une te-
merité heureuſe. Si vous par-

liez prefentement comme cela dans la Place du Capitole,
reprit Plotine, le Peuple vous
regarderoit comme une ennemie de Rome. Valerie à pourtant raifon , reprit Octave.
Mais aprés tout, dit Amilcar,
il eft bon qu'il y ait des Heros de toutes fortes, c'eft à dire de peu fcrupuleux , de te-
meraires & de menteurs ; car
enfin fans Mutius vous n'auriez point la paix : ainfi je conclus qu'on mette le menfonge dont il s'eft fervy au rang
de ces menfonges innocens
dont nous avons tant parlé.
Ce fera bien affez de le mettre au rang des menfonges
heureux, repliqua Herminius.
Mais pour les Amans , dit

Amilcar, ſi vous leur oſtez abſolument le menſonge , vous
leur oſtez toute leur force.
Pour les vrays Amans , reprit
Herminius , je croy que tout
au plus je leur permettray de
mentir en vers, pourveu qu'ils
diſent toûjours vray en proſe.
Il n'en eſt pas de meſme des
Amans coquets, & je leur per-
mets de dire tout ce qu'il leur
plaira , car comme ils ne ſont
pas trop expoſez à eſtre crûs,
ſi ce n'eſt par des Coquettes
qui meritent d'eſtre trompées ;
il ne faut pas leur oſter des
ſoupirs trompeurs , des larmes
trompeuſes , des menſonges
flateurs , des deſeſpoirs menteurs , & mille autres ſemblables bagatelles menſongeres.

Quand vous auriez esté toute
voftre vie aussi coquet que
moy, reprit Amilcar, vous ne
sçauriez pas mieux ce que font
les Amants coquets. S'il ne l'a
esté, reprit Valerie en riant, il
le pourroit estre, & je ne sçay
s'il suivoit son inclination s'il
ne le feroit point un peu. Je
haïs tant le mensonge, reprit
Herminius, qu'il me semble
que je ne devrois pas estre
soupçonné de pouvoir estre
Amant coquet. Quoy qu'il y
ait assez long-temps, reprit
Plotine, que nous parlons de
la verité & du mensonge, il
me semble que nous avons
tort de n'avoir parlé qu'en paf-
fant des Chansons & de l'Hiftoire. pour les Chansons, dit

Amilcar, il y en a de vrayes
& de fauffes , mais je fuis fort
obligé à un couplet, qui court
depuis quelques jours qui me
declare le plus amoureux de
tous les Amants de la belle
Plotine. Si vous n'aviez pas de
meilleures preuves de voftre
amour qu'une Chanfon , repliqua-t'elle en riant, je la tien-
drois mal prouvée. Je vous affure , repliqua Amilcar , qu'il
y a prefque autant de verités
en Chanfons qu'en Hiftoire ,
car les faifeurs de Chanfons
font pour l'ordinaire moins in-
tereffez que la plufpart des
Hiftoriens (s'il eft permis de
parler fi baffement d'une chofe
auffi noble) cependant il eft
certain que la verité doit être

l'ame de l'Hiſtoire , & le menſonge l'ornement des jolies Chanſons , qui en effet ne ſeroient rien ſans luy ; car oſtez les menſonges ingenieux & plaiſans de ces petits couplets qui courent le monde , & qui diſent en raillant les avantures & de la Cour & de la Ville, ils ne divertiront point; oſtez des Chanſons paſſionnées les ſoupirs , les larmes & les , helas ! je meurs , de tous ces Amants qui ne meurent point, & qui ne veulent pas ſeulement eſtre malades , elles ne toucheront point du tout. Pour les Chanſons, dit Plotine, il eſt aiſé de vous contenter & d'y mentir tant qu'il vous plaira ; mais pour mettre toû-

toûjours la verité dans l'Hiftoire il eft impoffible; car outre que
let Hiftoriens , comme on l'a
déja dit , font fouvent interef-
fez , ils font pour l'ordinaire fi
éloignés de la vraye connoiffance des affaires , qu'ils ne fçavent par eux mefmes que les
évenemens publics : de forte
que travaillant fur des memoi-
res , ils trompent quelques-
fois la pofterité fur la foy d'autruy , ils blafment , ils loüent
fans fçavoir pourquoy , & é-
poufant les paffions de ceux
qui les recompenfent ou qui
les abufent , ils déguifent les
évenemens comme il leur
plaît , ou du moins ils leur at-
tribuent d'autres caufes que
les veritables. Cela eft parfai-

tement bien dit, reprit Amilcar ; mais ce n'est pas encore
assez de voir les évenemens
par soy-mesme, il faut que celuy qui les voit les voye tels
qu'ils sont ; & il faut qu'il ait
un discernement exquis, &
je suis persuadé qu'il est en
quelque sorte des Historiens
en general comme des Peintres. Ne voyons nous pas, a-
joûta Amilcar, que dans les
celebres Academies de Peinture on n'a souvent qu'un modele également exposé à la
veuë de tous les Dessinateurs ?
ils le voyent, ils l'observent ;
il leur donne tout le temps
qu'ils veulent sans changer de
scituation, cependant je puis
assurer qu'entre ceux mesmes

qui le repreſentent dans un même point de veuë, il ſe trouvera
une notable difference dans
leur travail ; que l'un fera un
chef-d'œuvre de l'art, & l'autre un Tableau deffectueux. Il
en eſt de meſme des Hiſto-
riens ; un grand homme qui
voit ſon objet tel qu'il eſt, dit
tout ce qu'il faut & n'en dit
pas davantage ; un petit homme dit par tout plus ou moins
qu'il ne faut dire , & ſemant
ſon Hiſtoire de menſonges
flateurs ſans jugement , en ter-
nit la verité , & deffigure
les Heros qu'il veut repreſenter. J'advoüe meſme , pourſuivit Amilcar , que la comparaiſon que je fais eſt deffectueu-
ſe en un point ; car les Pein-

tres ne reprefentent que l'exterieur de leur modele ; & l'Hiftorien doit penetrer les motifs des évenemens, pour en dire ce que le jugement luy permet d'en faire fçavoir à la pofterité. Cela eft admirablement bien remarqué, reprit Valerie, & je voy bien qu'en cas d'Hiftoire, c'eft au Lecteur qui a un difcernement exquis à démefler la verité du menfonge ; comme c'eft à celuy qui chante, ajoûta-t'elle en foufriant, à ne s'attacher pas fi fort au fens de la Chanfon, qu'il la prenne toûjours pour une Hiftoire ; car il eft certain qu'on chante bien des chofes qui ne font pas, & qu'il y en a bien auffi qu'on ne chan-

te point. J'en tombe d'accord,
dit Amilcar , mais en cette occasion je pretends que le couplet de Chanson dont j'ay parlé , est à mon égard le plus
veritable du monde. Croyez-
moy , reprit Polemire, il est de
l'amour comme du jugement,
dont chacun croit avoir plus
que les autres ; cependant il
ne faut point s'étonner de cela , l'amour à toûjours produit
les mesmes effets & les pro-
duira toûjours , il est né avec
le monde, il ne finira qu'avec
luy ; j'ay esté jeune , j'ay esté
amoureux , je ne le suis plus &
n'oserois l'estre ; mais je voy
des gens qui le font , ainsi soit
que je regarde le passé ou le
present, je trouve toûjours l'a-

mour à peu prés de la mesme maniere ; les uns ne veulent estre aymez qu'afin qu'on le sçache, quelques autres, dont le nombre est tres petit, sont de l'avis d'une agreable Chanson, dont la reprise finit par ce vers.

Sans le secret l'amour n'a rien de doux.

Quelques autres se moquent des Amants fideles, & les Amants constants ont quelque peine à mettre les Coquets de profession au rang des veritables gens d'honneur ; les uns croyent que la liberalité en amour accourcit fort le chemin, & je pense que pour l'ordinaire ils ne se trompent pas.

Les Avares s'opofent à ce fentiment-là , & ayment mieux
n'eftre point aymez que de l'ê-
tre pour leur argent ; enfin
tout le monde mefle fon temperament avec fa paffion &
l'amour , l'ambition & toutes
les autres paffions ne font pas
capables en elles mefmes de
tous les maux dont on les accufe ; mais ce qui rend le menfonge moins excufable , c'eft
qu'on ne peut jamais le mettre
au rang des paffions , c'eft un
pur déreglement de l'efprit hu-
main , à qui on ne peut donner de nom qui l'adouciffe.

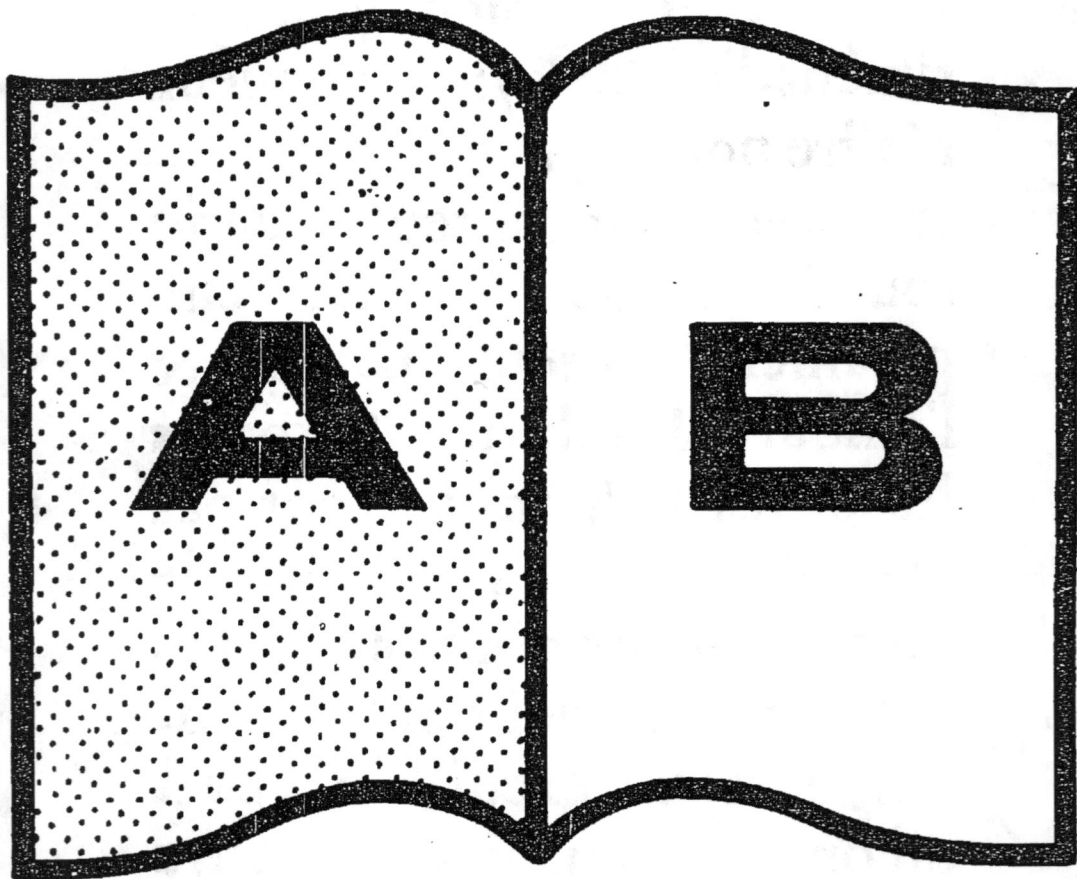

Contraste insuffisant

NF Z 43-120-14

www.ingramcontent.com/pod-product-compliance
Lightning Source LLC
Chambersburg PA
CBHW060953280326
41935CB00009B/705